Works in English by Czeslaw Milosz

The Captive Mind

Postwar Polish Poetry: An Anthology

Native Realm: A Search for Self-Definition

Selected Poems by Zbigniew Herbert
(translated by Czeslaw Milosz and Peter Dale Scott)

The History of Polish Literature

Selected Poems

Mediterranean Poems by Aleksander Wat
(translated by Czeslaw Milosz)

Emperor of the Earth: Modes of Eccentric Vision

Bells in Winter

The Witness of Poetry

The Issa Valley

Seizure of Power

Visions from San Francisco Bay

The Separate Notebooks

The Separate Notebooks

THE

SEPARATE NOTEBOOKS

Czeslaw Milosz

TRANSLATED BY ROBERT HASS & ROBERT PINSKY

WITH THE AUTHOR & RENATA GORCZYNSKI

THE ECCO PRESS · NEW YORK

Copyright © 1984 by Czeslaw Milosz
All rights reserved
Published by The Ecco Press in 1984
Published simultaneously in Canada by
George J. McLeod, Ltd., Toronto
Printed in the United States of America
Library of Congress Cataloging in Publication Data
Milosz, Czeslaw / The Separate Notebooks
Translation of: Osobny Zeszyt
PG7158.M553A24 1984 891.8'517   83-5626
ISBN 0-88001-031-2

Acknowledgments

Some of these translations appeared in *Antaeus,*
Ironwood, The New Republic, The Paris Review, Pequod,
Ploughshares, The New York Review of Books,
and *The Threepenny Review.*
"Reading the Japanese Poet Issa," "A Mistake,"
"Ode to a Bird," and "A Book in the Ruins"
first appeared in *The New Yorker.*

Spis treści

I

Rue Descartes / 2

Esse / 6

Oda do ptaka / 8

Rzeki / 12

II / Osobny zeszyt

Przez galerie luster / 18

Kartki dotyczące lat niepodległości / 56

Gwiazda Piołun / 68

III

Pieśń / 90

Powolna rzeka / 96

Książka z ruin / 102

Pieśni Adriana Zielińskiego / 108

Campo dei Fiori / 118

Pożegnanie / 124

IV / Świat

Świat (poema naiwne) / 130

Contents

I

Bypassing Rue Descartes / 3

Esse / 7

Ode to a Bird / 9

Rivers / 13

II / *The Separate Notebooks*

A Mirrored Gallery / 19

Pages Concerning the Years of Independence / 57

The Wormwood Star / 69

III

The Song / 91

Slow River / 97

A Book in the Ruins / 103

Songs of Adrian Zieliński / 109

Campo dei Fiori / 119

Farewell / 125

IV / *The World*

The World (A Naive Poem) / 131

V

Była zima / 154

Miasto bez imienia / 160

Te korytarze / 178

Przypowieść / 180

Veni Creator / 182

Kiedy księżyc / 184

Jakże obrzydliwe / 186

W drodze / 188

Zaklęcie / 190

Moja wierna mowo / 192

Pory roku / 196

Stan poetycki / 198

Rachunek / 202

Pomyłka / 204

Czytając japońskiego poetę Issa / 206

V

It Was Winter / 155

City Without a Name / 161

Those Corridors / 179

A Story / 181

Veni Creator / 183

When the Moon / 185

How Ugly / 187

On the Road / 189

Incantation / 191

My Faithful Mother Tongue / 193

Seasons / 197

A Poetic State / 199

Account / 203

A Mistake / 205

Reading the Japanese Poet Issa / 207

Translators' Notes and Credits / 210

His poetry combines a relentlessness of mind
with an expansive imagination while
bearing a deep personal witness to 20th c. history

elements of technique + style which challenge
  American poetry:
      the mix of classical tone with apocalyptic,
      surreal or ecstatic imagery; his use of
      abstraction + discursive energies;
      sharp shifts in the scale of perception
      within poems
      multiplicity of voices + forms

      earth
      bread
      rivers
  comments about history -
  loss of homeland

I

Rue Descartes

Mijając ulicę Descartes
Schodziłem ku Sekwanie, młody barbarzyńca w podróży,
Onieśmielony przybyciem do stolicy świata.

Było nas wielu, z Jass i Koloszwaru, Wilna i Bukaresztu,
    Sajgonu i Marakesz,

Wstydliwie pamiętających domowe zwyczaje,
O których nie należało mówić tu nikomu:
Klaśnięcie na służbę, nadbiegają dziewki bose,
Dzielenie pokarmów z inkantacjami,
Chóralne modły odprawiane przez panów i czeladź.

Zostawiłem za sobą pochmurne powiaty.
Wkraczałem w uniwersalne, podziwiając, pragnąc.

Następnie wielu z Jass i Koloszwaru albo Sajgonu, albo
    Marakesz
Było zabijanych, ponieważ chcieli obalić domowe zwyczaje.

Następnie ich koledzy zdobywali władzę,
Żeby zabijać w imię pięknych idei uniwersalnych.

Tymczasem zgodnie ze swoją naturą zachowywało się
    miasto,
Gardłowym śmiechem odzywając się w ciemności,
Wypiekając długie chleby i w gliniane dzbanki nalewając
    wino,
Ryby, cytryny i czosnek kupując na targach,
Obojętne na honor i hańbę, i wielkość, i chwałę,

Bypassing Rue Descartes

Bypassing Rue Descartes
I descended toward the Seine, shy, a traveler,
A young barbarian just come to the capital of the world.

We were many, from Jassy and Koloshvar, Wilno and
    Bucharest, Saigon and Marrakesh,
Ashamed to remember the customs of our homes,
About which nobody here should ever be told:
The clapping for servants, barefooted girls hurry in,
Dividing food with incantations,
Choral prayers recited by master and household together.

I had left the cloudy provinces behind,
I entered the universal, dazzled and desiring.

Soon enough, many from Jassy and Koloshvar, or Saigon or
    Marrakesh
Would be killed because they wanted to abolish the
    customs of their homes.

Soon enough, their peers were seizing power
In order to kill in the name of the universal, beautiful ideas.

Meanwhile the city behaved in accordance with its nature,
Rustling with throaty laughter in the dark,
Baking long breads and pouring wine into clay pitchers,
Buying fish, lemons and garlic at street markets,
Indifferent as it was to honor and shame and greatness
    and glory,

Ponieważ to wszystko już było i zmieniło się
W pomniki przedstawiające nie wiadomo kogo,
W ledwo słyszalne arie albo zwroty mowy.

Znowu opieram łokcie o szorstki granit nabrzeża,
Jakbym wrócił z wędrówki po krajach podziemnych
I nagle zobaczył w świetle kręcace się koło sezonów,
Tam gdzie upadły imperia, a ci, co żyli, umarli.
I nie ma już tu i nigdzie stolicy świata.
I wszystkim obalonym zwyczajom wrócono ich dobre imię.
I już wiem, że czas ludzkich pokoleń niepodobny do czasu
    Ziemi.

A z ciężkich moich grzechów jeden najlepiej pamiętam:
Jak przechodząc raz leśną ścieżką nad potokiem
Zrzuciłem duży kamień na wodnego węża zwiniętego
    w trawie.

I co mnie w życiu spotkało, było słuszną karą,
Która prędzej czy później łamiącego zakaz dosięgnie.

Berkeley, 1980

Because that had been done already and had transformed
    itself
Into monuments representing nobody knows whom,
Into arias hardly audible and into turns of speech.

Again I lean on the rough granite of the embankment,
As if I had returned from travels through the underworlds
And suddenly saw in the light the reeling wheel of
    the seasons
Where empires have fallen and those once living are
    now dead.

There is no capital of the world, neither here nor anywhere
    else,
And the abolished customs are restored to their small fame
And now I know that the time of human generations is not
    like the time of the earth.

As to my heavy sins, I remember one most vividly:
How, one day, walking on a forest path along a stream,
I pushed a rock down onto a water snake coiled in the grass.

And what I have met with in life was the just punishment
Which reaches, sooner or later, the breaker of a taboo.

Berkeley, 1980

[5]

Esse

Przyglądałem się tej twarzy w osłupieniu. Przebiegały światła stacji metra, nie zauważałem ich. Co można zrobić, jeżeli wzrok nie ma siły absolutnej, tak, żeby wciągał przedmioty z zachłyśnięciem się szybkości, zostawiając za sobą już tylko pustkę formy idealnej, znak, niby hieroglif, który uproszczono z rysunku zwierzęcia czy ptaka? Lekko zadarty nos, wysokie czoło z gładko zaczesanymi włosami, linia podbródka — ale dlaczego wzrok nie ma siły absolutnej? — i w różowawej bieli wycięte otwory, w których ciemna błyszcząca lawa. Wchłonąć tę twarz, ale równocześnie mieć ją na tle wszystkich gałęzi wiosennych, murów, fal, w płaczu, w śmiechu, w cofnięciu jej o piętnaście lat, w posunięciu naprzód o trzydzieści lat. Mieć. To nawet nie pożądanie. Jak motyl, ryba, łodyga rośliny, tylko rzecz bardziej tajemnicza. Na to mi przyszło, że po tylu próbach nazywania świata umiem już tylko powtarzać w kółko najwyższe, jedyne wyznanie, poza które żadna moc nie może sięgnąć: ja jestem — ona jest. Krzyczcie, dmijcie w trąby, utwórzcie tysiączne pochody, skaczcie, rozdzierajcie sobie ubrania, powtarzając to jedno: jest! I po co zapisano stronice, tony, katedry stronic, jeżeli bełkocę, jakbym był pierwszym, który wyłonił się z iłu na brzegach oceanu? Na co zdały się cywilizacje Słońca, czerwony pył rozpadających się miast, zbroje i motory w pyle pustyń, jeżeli nie dodały nic do tego dźwięku: jest?

Wysiadła na Raspail. Zostałem z ogromem rzeczy istniejących. Gąbka, która cierpi, bo nie może napełnić się wodą, rzeka która cierpi, bo odbicia obłoków i drzew nie są obłokami i drzewami.

Brie-Comte-Robert, 1954

Esse

I looked at that face, dumbfounded. The lights of Métro stations flew by; I didn't notice them. What can be done, if our sight lacks absolute power to devour objects ecstatically, in an instant, leaving nothing more than the void of an ideal form, a sign like a hieroglyph simplified from the drawing of an animal or bird. A slightly snub nose, a high brow with sleekly brushed-back hair, the line of the chin — but why isn't the power of sight absolute? — and in a whiteness tinged with pink two sculpted holes, containing a dark, lustrous lava. To absorb that face but to have it simultaneously against the background of all spring boughs, walls, waves, in its weeping, its laughter, moving it back fifteen years, or ahead thirty. To have. It is not even a desire. Like a butterfly, a fish, the stem of a plant, only more mysterious. And so it befell me that after so many attempts at naming the world, I am able only to repeat, harping on one string, the highest, the unique avowal beyond which no power can attain: *I am, she is*. Shout, blow the trumpets, make thousands-strong marches, leap, rend your clothing, repeating only: *is!*

She got out at Raspail. I was left behind with the immensity of existing things. A sponge, suffering because it cannot saturate itself; a river, suffering because reflections of clouds and trees are not clouds and trees.

Brie-Comte-Robert, 1954

Oda do ptaka

O złożony.

O nieświadomy.

Trzymający za sobą dłonie pierzaste.
Wsparty na skokach z szarego jaszczura,
Na cybernetycznych rękawicach,
Które imają czego dotkną.

O niewspółmierny.
O większy niż
Przepaść konwalii, oko szczypawki w trawie
Rude od obrotu zielono-fioletowych słońc,
Niż noc w galeriach z dwojgiem świateł mrówki
I galaktyka w jej ciele
Zaiste równa każdej innej.

Poza wolą, bez woli
Kołyszesz się na gałęzi nad jeziorami powietrza,
Gdzie pałace zatopione, wieże liści,
Tarasy do lądowań między lirą cienia.
Pochylasz się, wezwany, i rozważam chwilę,
Kiedy stopa zwalnia uchwyt, wyciąga się ramię.
Chwieje się miejsce, gdzie byłeś, ty w linie kryształu
Unosisz swoje ciepłe i bijące serce.

Ode to a Bird

O composite,

O unconscious,

Holding your feathery palms behind you,
Propped on your gray lizard legs,
On cybernetic gloves
That grasp at whatever they touch.

O incommensurate.
Larger than the precipice
In a lily-of-the-valley
Or the eye of a scarab in the grass,
Reddish, as the sun turns violet-green

And more vast than a galleried night
With the headlights of an ant—
And a galaxy in its body
Indeed, equal to any.

Beyond will, without will
You sway on a branch above lakes of air
And their submerged palaces, towers of leaves,
Terraces where you can land in a harp of shadow.
You lean forward, summoned, and I contemplate
      the instant
When your foot loosens its hold, your arm extends.
The place you have left is rocking, into the lines of crystal
You take your warm palpitating heart.

O niczemu niepodobny, obojętny
Na dźwięk pta, pteròn, fvgls, brd.

Poza nazwą, bez nazwy,
Ruch nienaganny w ogromnym bursztynie.
Abym pojął w biciu skrzydeł, co mnie dzieli
Od rzeczy, którym co dzień nadaję imiona.
I od mojej postaci pionowej,
Choć przedłuża siebie do zenitu.

Ale dziób twój półotwarty zawsze ze mną.
Jego wnętrze tak cielesne i miłosne,
Że na karku włos mi jeży drżenie
Pokrewieństwa i twojej ekstazy.
Wtedy czekam w sieni po południu,
Widzę usta koło lwów mosiężnych
I dotykam obnażonej ręki
Pod zapachem krynicy i dzwonów.

Montgeron, 1959

O not similar to anything, indifferent
To the sound *pta, pteron, fvgls, brd.*

Beyond name, without name,
An impeccable motion in an expanse of amber.
So that I comprehend, while your wings beat,
What divides me from things I name every day,
And from my vertical figure
Though it extends itself upward to the zenith.

But your half-opened beak is with me always.
Its inside is so fleshy and amorous
That a shiver makes my hair stand up
In kinship with your ecstasy.
Then one afternoon I wait in a front hall,
Beside bronze lions I see lips
And I touch a naked arm
In the scent of springwater and of bells.

Montgeron, 1959

Rzeki

Pod rozmaitymi imionami was tylko sławiłem, rzeki!

Wy jesteście mleko i miód, i miłość, i śmierć, i taniec.

Od źródła w tajemnych grotach bijącego spośród omszałych
    kamieni,

Gdzie bogini ze swoich dzbanów nalewa wodę żywą,

Od jasnych zdrojów na murawach, pod którymi szemrzą
    poniki,

Zaczyna się wasz bieg i mój bieg, i zachwyt, i przemijanie.

Na słońce wystawiałem twarz, nagi, sterujący z rzadka
    zanurzeniem wiosła,

I mknęły dębowe lasy, łąki, sosnowy bór,

Za każdym zakrętem otwierała się przede mną ziemia
    obietnicy,

Dymy wiosek, senne stada, loty jaskółek-brzegówek,
    piaskowe obrywy.

Powoli, krok za krokiem, wstępowałem w wasze wody

I nurt mnie podejmował milcząco za kolana,

Aż powierzyłem się, i uniósł mnie, i płynąłem

Rivers

Under various names, I have praised only you, rivers!

You are milk and honey and love and death and dance.

From a spring in hidden grottoes, seeping from mossy rocks

Where a goddess pours live water from a pitcher,

At clear streams in the meadow, where rills murmur
    underground,

Your race and my race begin, and amazement, and
    quick passage.

Naked, I exposed my face to the sun, steering with hardly a
    dip of the paddle—

Oak woods, fields, a pine forest skimming by,

Around every bend the promise of the earth,

Village smoke, sleepy herds, flights of martins over
    sandy bluffs.

I entered your waters slowly, step by step,

And the current in that silence took me by the knees

Until I surrendered and it carried me and I swam

Przez wielkie odbite niebo triumfalnego południa.

I byłem na waszych brzegach o zaczęciu letniej nocy,

Kiedy wytacza się pełnia i łączą się usta w obrzędzie.

I szum wasz koło przystani, jak wtedy w sobie słyszę

Na przywołanie, objęcie, i na ukojenie.

Z biciem we wszystkie dzwony zatopionych miast
   odchodzimy.

Zapominanych witają poselstwa dawnych pokoleń.

A pęd wasz nieustający zabiera dalej i dalej.

I ani jest, ani było. Tylko trwa wieczna chwila.

Berkeley, 1980

Through the huge reflected sky of a triumphant noon.

I was on your banks at the onset of midsummer night

When the full moon rolls out and lips touch in the rituals
of kissing—

I hear in myself, now as then, the lapping of water by
the boathouse

And the whisper that calls me in for an embrace and
for consolation.

We go down with the bells ringing in all the sunken cities.

Forgotten, we are greeted by the embassies of the dead,

While your endless flowing carries us on and on;

And neither is nor was. The moment only, eternal.

Berkeley, 1980

II

The Separate Notebooks

[BERKELEY, 1977–1979]

Osobny zeszyt:

przez galerie luster

(Strona 1)

Stary człowiek, wzgardliwy, czarnego serca,
Zdumiony, że tak niedawno był dwudziestoletni,
Mówi.
      A chciałby nie mówić, rozumieć.

Kochał i pragnął, ale nie na dobre wyszło.
Gonił i prawie chwytał, ale świat był prędszy od niego.
I teraz widzi złudzenie.

W snach biegnie, mały, po ciemnym ogrodzie.
Jest tam jego dziadek, ale nie ma gruszy tam, gdzie być
      powinna,
I furtka otwiera się na gwałtowną falę.

Nieprzebłagana ziemia.
Niecofnięte prawo.
Światło nieodkryte.

Teraz wstępuje na marmurowe schody
I pachną kwitnące drzewa pomarańczowe,
I odzywa się jeszcze tiuu ptaków,
A już zamykają się ciężkie drzwi,
Za którymi na długo zostanie,
W powietrzu, które nie zna zimy ani wiosny,
W jarzeniu bez poranków i zachodów słońca.

The Separate Notebooks:
A Mirrored Gallery

(Page 1)

An old man, contemptuous, black-hearted,
Amazed that he was twenty such a short time ago,
Speaks.
    Though he would rather understand than speak.

He loved and desired, but it turned out badly.
He pursued and almost captured, but the world was faster
    than he was.
And now he sees the illusion.

In his dreams he is running through a dark garden.
His grandfather is there but the pear tree is not where it
    should be,
And the little gate opens to a breaking wave.

Inexorable earth.
Irrevocable law.
The light unyielding.

Now he climbs marble stairs
And the blossoming orange trees are fragrant
And he hears, for a while, the *tiuu* of birds,
But the heavy doors are already closing
Behind which he will stay for a very long time
In air that does not know winter or spring,
In a fluorescence without mornings and without sunsets.

[*19*]

Kasetony pułapu naśladują leśne sklepienie,
Przechodzi sale pełne luster,
W których ukazują się i nikną twarze,
Zupełnie jak zjawiła się królowi
Wywołana przez czarodzieja księżniczka Barbara.
I wszędzie tutaj przemawiają głosy,
A takie mnóstwo ich, że gotów słuchać wieki
Kto raz chciał poznać swoje biedne życie.

(Strona 10)

Rzeka Sacramento, między jałowymi wzgórzami, płowa,
Targana płytkim wiatrem od zatoki,
Mosty, na których moje koła wystukiwały metrum.

Okręty, czarne zwierzęta między wyspami,
Szara zima na wodach i w niebie.
Gdyby mogli zostać wezwani z wiosen i lądów dalekich,
Czy umiałbym już im powiedzieć najgorsze ale prawdziwe
O tej mądrości nie dla nich, która przyszła do mnie?

(Strona 12)

Znalazł na zakurzonych półkach pokryte na wpół czytel-
nym pismem stronice rodzinnej kroniki i znowu odwiedza
mroczny dom nad Dźwiną, w którym był raz kiedyś w
dzieciństwie, zwany Zamkiem, bo zbudowany tam, gdzie
spalił się za Napoleona zamek Kawalerów Mieczowych, z
lochami w fundamentach i przypadkowo odkrytym kościo-
trupem przykutym do ściany. Dom nazywali też pałacem,
żeby odróżnić od oficyny w parku, dokąd Eugeniusz ze
swoim fortepianem przenosił się na zimę. Ten jego krewny
do szkół chodził u oo. Jezuitów w Metz, karierę prawniczą

The coffers of the ceiling imitate a forest vault.
He passes through halls full of mirrors
And the faces loom up and dissolve,
Just as Barbara, the princess, appeared to the king once
When a black mage had conjured her.
And all around him the voices are intoning,
So many that he could listen for centuries,
Because he wanted, once, to understand his poor life.

(Page 10)

Sacramento River, among barren hills, tawny,
And spurts of shallow wind from the bay
And on the bridges my tires drum out a meter.

Ships, black animals among the islands,
Gray winter on the waters and the sky.
If they could be called in from their far-off Aprils
    and countries,
Would I know how to tell them what is worst yet true—
The wisdom, not for them, that has come to me?

(Page 12)

He found on dusty shelves the pages of a family chronicle
covered with barely legible writing, and again he visits the
murky house on the Dwina where he had been once in his
childhood, called The Castle because it had been built
where, at the time of Napoleon, a castle of the Knights of
the Sword had burned down, exposing dungeons in the
foundations and a skeleton chained to the wall. It was also
called The Palace, to distinguish it from the cottage in the
park where Eugene used to move, together with his piano,
for the winter. That relative of his had gone to Jesuit

robił w Petersburgu, w sądownictwie wojskowym, ale wystąpił ze służby, kiedy trzeba było zmienić wyznanie, i odtąd mieszkał w Zamku sam, nie utrzymując stosunków z sąsiedztwem ani z rodziną, z wyjątkiem siostry, pani Jadwigi Iżyckiej, którą kochał. *„Ze służbą tam rozmawiano tylko po polsku albo po białorusku, brzydząc się rosyjskiego języka."* Z rzadkimi gośćmi, dawnymi kolegami z Petersburga, Eugeniusz mówił po francusku. *„W Zamku przesiedział, nigdzie prawie nie wyjeżdżając, od późnej jesieni 1893 do 1908 roku. Dużo czytał, również pisał, a najwięcej grał, całymi dniami i nocami. Miał fortepian gabinetowy firmy warszawskiej Korngoff, za który zapłacił 1,500 rubli złotem, na owe czasy ogromną sumę."* Jeżeli jeździł, to konno do pobliskiej Idołty, do siostry, i widywano ich oboje spacerujących po lasach, bo lubiła jazdę w siodle amazonki. Ale po jej śmierci, tylko jeżeli ktoś przejeżdżając drogą zatrzymał się w nocy przy bramie parku i słyszał jego śliczną muzykę, mógł zaświadczyć, że dom jest zamieszkały. Potem przez parę miesięcy nie było już słychać muzyki, *„ale była już jesień, więc sądzono, że gdzieś gra, tylko że w głębi pałacu, więc z powodu dubeltowych okien nikt go nie słyszy".* Aż wezwał rodzinę, i nawet dopuścił do siebie księży. Pochowany został obok siostry w grobach rodzinnych w Idołcie. Zostały po nim paczki rękopisów nieznanej treści, związane sznurkiem.

(Strona 13)

Nie wybierałem Kalifornii. Była mi dana.
Skąd mieszkańcowi północy do sprażonej pustki?

schools in Metz and made a career as a lawyer in the military courts of St. Petersburg, but left the service when he was asked to convert to Orthodoxy; after which he returned to The Castle and lived alone, maintaining relations with none of the neighbors or with his family, except his sister Mrs. Jadwiga Izycka, whom he loved. *"They conversed with the servants only in Polish or Byelorussian, holding the Russian language in abomination."* With rare guests, former colleagues from St. Petersburg, Eugene spoke French. *"He remained in The Castle, practically without leaving it, from 1893 to 1908. He used to read a great deal, also to write, but mostly, night and day, he played the piano. It was a cabinet model, a Korngoff of Warsaw make, for which he paid 1500 rubles in gold, in those times an enormous sum."* If he went anywhere, it was on horseback to visit his sister at the neighboring Idolta, and they were often seen riding together through the forests, for she was fond of riding on an "amazon" saddle. But after her death, only a passerby, stopping at the park's gate and hearing his exquisite music, could have testified that the house was inhabited. Later on, no music was heard, *"though it was already autumn, and so people assumed that he still played, but in the far interior of The Palace where, because of the double windows, he could not be heard."* Then, suddenly, he convoked the family and even admitted priests. He was buried beside his sister in the family vault at Idolta. He left behind packages of manuscripts, of unknown contents, bound with string.

(Page 13)

I did not choose California. It was given to me.
What can the wet north say to this scorched emptiness?

Szara glina, suche łożyska potoków,
Pagórki koloru słomy i gromady skał
Jak jurajskich jaszczurów: tym jest dla mnie
Dusza tych okolic.
I mgła wpełzająca na to z oceanu,
Która zalęga zieleń w kotlinach,
I dąb kolczasty, i osty.

Gdzie powiedziane, że należy się nam ziemia-oblubienica,
Abyśmy zanurzyli się w jej rzekach głębokich i czystych,
I płynęli, żyznymi prądami niesieni?

(Strona 14)

Czyta w kronice: *„Wkrótce po swojej śmierci zaczął stra-szyć. Od tego czasu w Zamku niespokojnie było, ponieważ wszyscy zaczęli mówić, że Eugeniusz pan chodzi. Ruszały się meble, chodziło biurko w jego pokoju, wśród nocy grał fortepian w jego gabinecie, niesamowite rzeczy działy się nocami w bibliotece na górze."* Przekonał się o tym ajent Banku Wileńskiego pan Mieczysław Jałowiecki, który szacował majątek w związku ze staraniami spadkobierców o pożyczkę. Posłano mu w gabinecie Eugeniusza, wielkim pokoju o dębowych parkietach, z oknami wychodzącymi na zbocze parku i Dźwinę, gdzie prócz fortepianu i biurka stały szafy na te książki, które Eugeniusz stale chciał mieć pod ręką, żeby nie chodzić na górę do sali bibliotecznej, i zwracały uwagę obrazy, jak też drogocenny zegar z czasów Dyrektoriatu zdobny w napoleońskie orły. W środku nocy gość dzwoniąc w przerażeniu na służbę oberwał grubą wełnianą taśmę od dzwonka i nie czekając na pomoc wyskoczył

Grayish clay, dried-up creek beds,
Hills the color of straw, and the rocks assembled
Like Jurassic reptiles: for me this is
The spirit of the place.
And the fog from the ocean creeping over it all,
Incubating the green in the arroyos
And the prickly oak and the thistles.

Where is it written that we deserve the Earth for a bride,
That we plunge in her deep, clear waters
And swim, carried by generous currents?

(Page 14)

He reads in the chronicle: *"Soon after his death, he began
to frighten people. From that time there was no peace in the
Castle, for everybody would say that Pan Eugene was walk-
ing. Furniture moved, the desk in his room changed place,
the piano played at night in his study, and there were weird
goings-on in the library upstairs."* This unpleasant dis-
covery was made by an agent of the Bank of Wilno, Mr.
Mieczysław Jałowiecki, who was assessing the estate in
connection with the heirs' endeavors to get a loan. They
made a bed for him in Eugene's study, a large room with an
oak parquet floor and windows facing the Dvina, where be-
side a piano and a desk there were bookcases for those
books which Eugene wanted to have at hand without having
to walk upstairs to the library; and one's attention was
drawn by paintings and a valuable clock from the time of
the Directorate, adorned with Napoleonic eagles. In the
middle of the night the guest, ringing — in horror — the bell
for the servants, tore off the thick woollen bell pull and,
without waiting for rescue, jumped out of the window in his

w bieliźnie przez okno, co przepłacił zapaleniem płuc, bo pora była chłodna. Do niepokojów w Zamku wszyscy wreszcie przywykli, ale co przydarzyło się nowemu proboszczowi w Drui, księdzu kanonikowi Weberowi, było niezwykłe. Przyjechał z wizytą do Zamku i przeglądając od niechcenia albumy z fotografiami, nagle zatrzymał się nad jedną i zapytał, kogo przedstawia. Na to usłyszał od pani domu, że jej szwagra, Eugeniusza, który umarł dwa lata temu. Rzekł wtedy: *„Dziwna to rzecz, nie wiem, czy Pani mam to mówić, czy nie warto tego mówić, bo Pani jeszcze gotowa pomyśleć, że zwariowałem prawiąc takie rzeczy, jednakże czy Pani uwierzy, czy nie, powiem Pani, że on u mnie wczorajszej nocy był w moim pokoju w klasztorze.”* Po czym opowiedział, jak wróciwszy z objazdu parafii położył się wcześnie, bo był zmęczony, i zaczął na sen czytać, kiedy usłyszał skrzypnięcie drzwi, czyjeś kroki w stołowym, następnie w salonie sąsiadującym z sypialnią. Drzwi się otworzyły i wszedł nieznajomy mężczyzna, wytwornie ubrany, *„o energicznych ruchach wielkiego, pewnego siebie pana”*, z gołą głową, bez palta. Ksiądz Weber wziął go za jednego z okolicznych ziemian, których jeszcze nie poznał, przybywającego w jakiejś pilnej sprawie i zaczął się usprawiedliwiać, że zastaje go tak wcześnie w łóżku. Nieznajomy milcząc zbliżył się do łóżka, oparł prawą rękę o blat marmurowego stolika i powiedział: *„Na dowód, że tu byłem, zostawiam odciski moich palców.”* Odwrócił się i wyszedł, nie śpiesząc się przeszedł przez nie oświetlony salon, następnie stołowy, otworzył drzwi na korytarz poklasztorny i stopniowo kroki jego ucichły. Jednakże, jak ksiądz sprawdził, drzwi wyjściowe na dziedziniec były zaryglowane, podobnie jak brama na ulicę i furtka w bramie. Eugeniusz dawał znać o sobie dokładnie do lutego 1914

underwear, for which rashness he paid with pneumonia, since it was cold outside. Eventually everyone became accustomed to troubles in the Castle, but what happened to the new parish priest in Druja, Canon Father Weber, was unusual. He came to the Castle to pay a visit, and looking casually through albums of photographs suddenly stopped at one of them and asked whom it represented. When he heard from his hostess that the figure was her brother-in-law Eugene who had died two years before, he said, *"Strange, I don't know if I should mention it, Pani — perhaps it would be better not, for you may think I have lost my mind, saying such things — yet, whether you believe me or not, I must tell you that he was in my room at the monastery yesterday night."* And he told how, after having returned from an inspection of his parish, he went to bed early, and began to read to induce sleep, when he heard the door creaking, steps in the dining room and then in the living room which adjoined his chamber. The door opened and an unknown man entered, elegantly dressed, *"with the energetic bearing of a man of wealth, full of self-assurance,"* bareheaded and without an overcoat. Father Weber took him for one of the neighboring landlords whom he had not as yet met, arriving on some urgent business, and he began to excuse himself for being found so early in bed. The unknown man approached him silently, rested his hand on the marble top of the night table, and said, *"As proof that I was here, I leave my fingerprints."* And then he turned and left. Without hurry, he crossed the unlit living room, then the dining room, opened the door to the corridor of the former monastery, and gradually his steps fell silent. Yet, as the priest was later able to assure himself, the door leading to the yard was locked, as was the gate to the street and the wicket in the gate. Eugene continued to remind people of

roku, kiedy umarł jego brat Józef. Ciekaw jestem, myśli czytelnik, czy filozofia naprawdę pomaga na pasję życia? A może cała mądrość jest na nic, jeżeli małostkowe gniewy i urazy, i kłótnie w rodzinie mają aż taką trwałość, że zmuszają nas do chodzenia po śmierci?

Le monde — c'est terrible

(Strona 15)   —CÉZANNE

Cézanne, przyprowadzam tych troje na niemożliwe
    spotkanie
do twojej pracowni w Aix, między pożar ochry i cynobru.

Tej kobiecie na imię Gabriela. Mógłbym pokazać ją
w białej sukience z marynarskim kołnierzem
albo jako staruchę z wystającymi, bez dziąseł, zębami.
Tutaj stoi oliwnozłota, czarnowłosa.

To jest Edek, lekkoatleta, sprzed pół wieku.
Rękę opiera o biodro jak na swoim portrecie
reprodukowanym niekiedy w albumach sztuki.

A to Mieczyk, który go malował. Palce żółte od tytoniu.
Ślini bibułkę myśląc o następnym ruchu pędzla.

Oni będą świadkami w mojej zgryzocie,
którą jeśli nie tobie, to wyjawić komu?

Siła, zręczność, uroda, nade wszystko siła,
kołysanie się w barach, krok lekki

himself until precisely that day in February 1914 when his brother Józef passed away. I wonder, thinks the reader, whether philosophy is really of any help against the passion of life? Perhaps all of wisdom is good for nothing if petty angers and ill feelings and family quarrels are so durable that they force us to walk after our death?

Le monde—c'est terrible
(Page 15)   —CÉZANNE

Cézanne, I bring these three for an impossible meeting
to your workshop in Aix, into the fire of ocher
        and cinnabar.

This woman's name is Gabriela. I could show her
in a white dress with a sailor's collar
or as an old hag with protruding, gumless teeth.
Here she stands olive-gold, black-haired.

This is Eddy, an athlete from half a century ago.
He rests his hand on his hip as in the portrait
reproduced sometimes in art books.

And here is Mieczysław who painted him. Fingers yellow
        from tobacco,
he licks a cigarette paper, thinking about the next move of
        his brush.

They will be witnesses to my grief,
and to whom should I reveal it, if not to you?

Strength, skill, beauty, above all strength,
swinging one's shoulders, an easy gait

[*29*]

najwyżej są przez ludzi, i słusznie, cenione.
Ruch w harmonii z powszechnym ruchem, udałość,
jakikolwiek jest świat, uszczęśliwiają.
Być jak on, kiedy zgina się w geście dyskobola,
puszcza konia galopem, zsuwa się nad ranem
z okna rudowłosej żony pana Z.!

Zazdrościłem, jak umie tylko szesnastoletni.
Aż nieprędko, kiedyś, po wielkiej wojnie,
dosięgła mnie wieść o nim. Nie zginął w bitwie.
W nowym państwie, pod rządem znieprawionej mowy,
otruł się gazem ze wstrętu do kłamstwa na co dzień.

Jeżeli spada w ziemię cielesna chwała
na wieczną niepamiątkę. Jeżeli ja, umysł,
taką mam nad nim władzę, że na mój rozkaz
przychodzi, choć jest nikt aż do końca świata,
czy mogę triumfować? Odwet, czyż nie nędzny?

Cokolwiek było upragnione, Cézanne,
zmieniało się jak pień prowansalskiej sosny, kiedy
        przechylić głowę.
Kolor skóry i sukni: żółcień, róż,
siena surowa i palona, zieleń Veronese,
słowa jak tubki farby, gotowe i obce.
I tylko tym zostaje Gabriela.

Chcę wiedzieć, dokąd idzie chwila oczarowania,
nad jakie niebo, na dno jakiej otchłani,

are what people value most highly, and justly so.
A movement in harmony with the universal movement,
    deftness,
whatever the world is, makes one happy.
To be like him when he bends into the crouch of a discus
    thrower,
when he urges his horse into a gallop, slips at dawn from
    the window
of the red-haired wife of Mr. Z!

I envied him as only a sixteen-year-old can do.
Until, not soon, after the big war,
news of him reached me. He had not perished in battle.
In a new state, under the rule of a debased language,
he poisoned himself with gas out of loathing for the
    everyday lie.

If glory of flesh falls into the earth,
into the general oblivion. If I, the mind,
have such power over him that at my order
he appears, though he is no one until the end of the world,
have I triumphed? Is not that a miserable revenge?

Whatever was desired, Cézanne,
was changing like the trunk of a Provençal pine when you
    tilted your head.
The color of her dress and skin: the yellow, the rouge,
the sienna raw and burnt, the green Veronese,
words like tubes of color ready-made and alien.
And Gabriela remains only that.

I want to know where it goes, that moment of enchantment,
to what heaven above, to the bottom of what abyss,

do jakich ogrodów, co rosną za przestrzeń i czas.
Szukam, gdzie ma swój dom chwila zobaczenia
uwolniona od oczu, sama w sobie na zawsze,
ta, którą ty ścigałeś dzień po dniu
ze swoimi sztalugami okrążając drzewo.

Mieczysław miał pracownię w mieście Warszawie.
Uczeń twój późny, prawie już dosięgał,
tak mi mówił, chuchaniem ogrzewając ręce
owej wojennej zimy. Gliniany dzban i jabłko:
w to był wpatrzony i tym zapełniał płótna.
I wierzę, wyrwałby z rzeczy chwilę zobaczenia,
gdyby pilnował się reguł artysty,
który ma być obojętny na dobro i zło,
na radość i ból, i lament śmiertelnych,
sługa wyniosły jedynego celu.

A on użył pracowni do niesienia ludziom pomocy
i ukrywał tam Żydów, za co karano śmiercią.
Rozstrzelany został w maju 1943 roku,
tak oddając duszę za przyjacioły swoje.

I gorzko jest śpiewać chwałę umysłu, Cézanne.

Trzy imiona są prawdziwe i przez to sprawują kontrolę.
Gdyby je zmienić, natychmiast otworzyłoby się tamę zmyśleniom. Im bardziej jednak stara się o dokładność, tym wyraźniej widzi, że wikła się w sposobach ludzkiej mowy. I wystarczyło, że, zupełnie samowolnie, postawił tych troje

to what gardens growing beyond space and time.
I want to know where the house of an instant of seeing is,
when it's liberated from the eye, in itself forever,
the one you pursued day after day
circling a tree with your easels.

Mieczysław had his workshop in the city of Warsaw.
Your tardy disciple, he nearly achieved,
as he used to tell me, blowing on his cold fingers
that war winter, a clay jar and an apple.
He looked at them constantly and constantly they filled
     his canvases.

And I believe he would have snatched from things
     a moment of seeing,
had he observed the rules of the artist
who must be indifferent to good and evil,
to joy and pain and the laments of mortals,
a haughty servant, as he is, of only one aim.

But he used his workshop to help people
and hid Jews there, for which the penalty was death.
He was executed in May 1943,
thus giving his soul for his friends.

And it is bitter to sing in praise of the mind, Cézanne.

The three names are real and because of that they exert
control. Had they been changed, the road to fictionalizing
would, immediately, have been opened. Yet the more he
tries to be precise, the more entangled he gets in devices of
human speech. And it is enough to put those three, quite

obok siebie, a zostało wzmocnione, co jest w nich nie-do-opowiedzenia, i zaczęło układać się w samoczynną opowieść. Choć tak rzeczywiście kiedyś stali na fotografii razem, nie sami, z innymi, przed gankiem w Krasnogrudzie i każde przebywało w myślach drugiego. Próbuje teraz odgadnąć, jak sam o nich myśli. Edek jest dla niego paniką przypomnianych własnych wstydów: puszczonego strzału do bramki, chybionego rzutu, strąconej poprzeczki, spadnięcia z konia, czyli wszystkiego, co nie powinno być znane nikomu. Kiedy dowiedział się, że na krótko przed wojną Edek ożenił się, że byli z żoną nierozłączni, razem przeżyli wojnę i za obopólną zgodą razem popełnili samobójstwo w 1951 czy 1952 roku, poczuł, tak jest, ulgę, jakby zniknięcie człowieka, od którego czuł się niższy, jego podnosiło. Co do Gabrieli, to jej obecność jest prawie tak intensywna jak rzeki, nad którą się urodził i nad którą, trzyletni, zobaczył ją, wtedy dorastającą panienkę, po raz pierwszy. Złota siatka na ultramarynie albo zieleni, zieleni Veronese, czy cierpka słodycz miodowych plastrów przyniesionych w glinianej misie, czy gryf szyi jak gryf muzycznych instrumentów — nigdy nie przypuszczała, że będzie dla niego tym wszystkim ciągle, uratowana, wyłączona z czasu. A o Mieczyku myśli, że choć zabrakło mu życia, żeby wygrać jako artysta i wszystkie jego obrazy spaliły się, z wyjątkiem portretu Edka, który namalował w młodości, był szczęśliwy urządzając mieszkanie z Julą w jasnej dzielnicy nowoczesnych domów albo wędrując z nią po Gorcach, wtedy, przy końcu lat dwudziestych, kiedy warszawscy artyści i literaci lubili góralszczyznę, naiwne obrazy na szkle i ludowe pieśni. I nie wie, czemu jest w tym jakaś pociecha, jak i w piosence przez Mieczyka po cichu, jakby z zawstydzonym wzruszeniem nuconej:

arbitrarily, together, and suddenly what is untellable in them is strengthened, composing itself into an autonomous tale. But yes, also in reality they stood together once, in a photo, not alone, with others, before the house in Krasnogruda, and each one of them lived in the thoughts of his neighbor. He tries now to guess how he thinks of them. Eddy is a panic of remembered shames: not saving a goal, kicking down the jumping bar, falling from a horse, things which should not be known by anybody. When he learned that Eddy married shortly before the war, that he and his wife were inseparable, that they survived those years together and, by mutual consent, committed suicide in 1951 or 1952, he felt, yes, relief, as if the disappearance of a man compared to whom he felt himself inferior elevated him. As for Gabriela, her presence is nearly as intense as that of the river on whose banks he was born and where he, three years old, saw her, a teen-ager, for the first time. A golden net on ultramarine, or green, green Veronese, an acrid sweetness of honeycombs brought in in a clay bowl, a neck like the necks of musical instruments — she was never expected to be all this for him, constantly rescued, taken out of time. And about Mieczysław he thinks that even if a life was refused to him in which he could win as an artist and all his paintings were burned except for the portrait of Eddy which he painted in his youth, at least he was happy once, arranging an apartment with Julia in the quarter of modern buildings or wandering with her in the Gorce mountains at the end of the nineteen-twenties, when Warsaw artists and literati loved mountaineering lore, naive paintings on glass, and folk songs. He does not know why, but there is some consolation in that, just as there is in the little song Mieczysław hummed, sometimes, with a kind of embarrassed emotion:

Kołem, kołem
Słoneczko idzie,
Słoneczko idzie,
A nasza Kasieńka
Do ślubu jedzie,
Do ślubu jedzie.
Jedzie, jedzie,
Rączki podnosi,
Rączki podnosi,
I Pana Jezusa,
I Pana Jezusa
O szczęście prosi.

Myśli też, że słowo ,,przeszłość" nic nie znaczy, bo jeżeli on tak mocno trzyma przed oczami tych troje, to cóż mówić o ponadziemskim spojrzeniu.

(Strona 17)

Portret Schopenhauera sąsiaduje, nie wiadomo czemu, z portretem Eli, która, przybrana przez malarza w renesansowy kapelusz pewnie noszony przez niektóre pasażerki Titanika, uśmiecha się enigmatycznie. ,,Filozofie — przemawia do niego wędrowiec — rozpoznałem powody ich niechęci do ciebie. Któż chce dowiadywać się, że prawda jest rebelią umysłu zwracającego się przeciwko swojemu użytkowemu powołaniu? Że los jest arystokratyczny w przydzielaniu darów intelektu i że oni, ścigający ułudę, muszą pokłonić się przed najnieliczniejszymi z nielicznych, czując swoją podrzędność? «*Podobny jest widzowi, ponieważ, odłączony od wszystkiego, patrzy na dramat*»; jeden na ile milionów, prawdziwy filozof i artysta? I ja, któremu gdyby pokazano zawczasu, co mu przypadnie i dano wybierać, czyż nie wybrałbym raczej życia i szczęś-

"Round and round
The little sun is going
The little sun is going
And our Catherine
Is riding to her wedding
Is riding to her wedding
Is riding, is riding
And lifting her hands
And lifting her hands
Asking Jesus
Asking Jesus
to make her happy."

He thinks that the word *past* does not mean anything, for if he can keep those three so strongly before his eyes, how much stronger than his is an unearthly gaze.

(*Page 17*)

A portrait of Schopenhauer consorts, who knows why, with a portrait of Ela who, adorned by the painter with a Renaissance hat similar, probably, to those worn by ladies on the deck of the *Titanic,* smiles enigmatically. "Ah, philosopher," the wanderer addresses him, "I have found out why they dislike you. Who, after all, wants to be told that truth is a rebellion of the mind against its utilitarian vocation? That fate is aristocratic in allocating the gifts of intellect, and that they, completely average, chasing illusion, are supposed to bow to the fewest of the few and admit their own inferiority? *He is rather like a theatergoer, for separated from everything he watches the drama.*" One in how many millions, the artist and philosopher? And myself too, had I known in advance what was in store for me, wouldn't I have chosen life and happiness? Even now, when I know

[37]

cia? Nawet teraz, kiedy wiem, że z ich, moich rówieśników, życia i szczęścia nic nie zostało. Łatwo więc zgadnąć, czemu nie byłeś i nigdy nie będziesz lubiany. Nikt jak Ty im, zawsze pod władzą ślepej woli, której samym ekstraktem jest miłosne pożądanie, nie przeciwstawił dziecka i geniusza, nikt jak Ty nie próbował wytłumaczyć, dlaczego każde dziecko jest genialne: ponieważ jest widzem, chciwym, żarłocznym, umysłem jeszcze nie schwytanym przez wolę gatunku, a ja dodałbym, tak samo prowadzonym przez Erosa, ale który jest jeszcze swobodny i tańczy, nie wiedząc o celu i służbie. A dar artysty i filozofa ma swój sekret w utajonej wrogości wobec ziemi dorosłych. Twój język, filozofie, tak z pozoru logiczny i dokładny, bardziej ukrywał, niż wyjawiał i naprawdę nie mieli do Ciebie dostępu. Przyznaj się, twoim jedynym tematem był czas: feeria zieleni co roku, rozkwitające dziewczęta, następstwo rodzących się i umierających w ciągu jednej godziny pokoleń — czyż godne jest człowieka, żeby dał się uwieść i został schwytany?''

(Strona 18)

Kochankowie idą rano ścieżką nad wioskę i oglądają górską dolinę, triumfalni, olśnieni sobą i swoim udziałem w ziemi żyjących.

Łąki zielone, w dole potok szumi, i na przeciwległym zboczu stromo piętrzą się lasy.

Idą tam, gdzie żołna polatuje w jedlinach i pachną świeże pokosy nad brzegiem parowu.

Patrz! pokazują sobie kładkę między drzewami, prawdziwy most z poręczą, dokądś po drugiej stronie.

that what remains of the life and happiness of my contemporaries is nothing? It is easy to guess why you were not liked and never will be. No one had ever so forcefully opposed the child and the genius to the rest of them, always under the power of blind will, of which the essence is sexual desire; no one has ever so forcefully explained the genius of children: they are onlookers, avid, gluttonous, minds not yet caught by the will of the species, though I would add, led too by Eros, but an Eros who is still free and dances, knowing nothing of goals and service. And the gift of the artist or philosopher likewise has its secret in a hidden hostility toward the earth of the adults. Your language — O philosopher — so logical and precise in its appearance, disguised more than it revealed, so they really had no access to you. Admit it, your only theme was time: a masque on midsummer night, young girls in bloom, ephemerid generations born and dying in a single hour. You asked only one question — is it worthy of man to be seduced and caught?

(Page 18)

Lovers walk in the morning on a path above the village, they look down into the valley, dazzled by themselves and by their part in the earth of the living.

Brookwater below, green meadows, and on the opposite slope the forest tiers up steeply.

They go where a black woodpecker flickers among the firs and the scent of new clover rises from the edge of the gorge.

And now they have found a footbridge among the trees, a true bridge with a handrail, that leads somewhere, on the other side.

I kiedy schodzą, nagle widzą w obramieniu sosen dachy dwóch wież jaśniejące błękitno-zieloną miedzią i odzywa się cienki głos niedużego dzwonu.

Ten klasztor i małe auta wysoko nad nim na drodze, i w słońcu dźwięk i znowu cisza.

Jak początek objawienia, ale jakiego, nie wiedzą, bo nigdy nie postąpi dalej niż początek.

Filozofie, zanadto surowy byłeś dla krótkotrwałych uniesień ich ego, chociaż, to prawda, oni nawet wtedy tak patrzyli, jakby ich pycha istnienia była miniona. I przyznaję, twoje słowa potwierdzają to, czego sam doświadczyłem: *„Czymkolwiek będzie przedmiot, krajobrazem, drzewem, skałą, budynkiem, kiedy... gubimy się w tym przedmiocie całkowicie, zapominając o naszej indywidualności, o naszej woli, i istniejemy dalej jako czysty podmiot, jako niezamącone zwierciadło przedmiotu, tak jakby jedynie przedmiot tam był, bez kogokolwiek, kto by go oglądał, i kiedy nie da się już oddzielić percypującego od percepcji, ale są jednym, ponieważ cała świadomość jest wypełniona i zajęta przez jeden obraz zmysłowy; jeżeli więc przedmiot do tego stopnia wykroczył poza wszelkie związki z czymkolwiek poza nim, a podmiot poza wszelkie związki z wolą, wtedy co tak poznajemy, nie jest już poszczególną rzeczą, ale Ideą, formą wieczną, bezpośrednią obiektywizacją woli na tym szczeblu; i dlatego ten, kto utonął w takiej percepcji, nie jest już jednostką, bo w takiej percepcji jednostka zagubiła siebie, ale jest czystym podmiotem wiedzy, poza wolą, poza bólem, poza czasem."*

And when they walk down, they see in a frame of pines the roofs of two towers, green copper glistening, and they hear the thin voice of a little bell.

That cloister, small cars high above it on the road, and, in the sun, the echo and then silence.

As the beginning of a revelation—what kind they don't know—because it will never advance beyond its beginning.

Philosopher, you were too severe for their short-lived élans of the ego, though even then they looked at things as if the vainglory of existence were in the past. And I concede, your words confirmed what I had experienced myself: *". . . the quiet contemplation of the natural object actually present, whether a landscape, a tree, a mountain, a building or whatever it may be; in as much as he loses himself in this object, i.e., forgets even his individuality, his will, and only continues to exist as the pure subject, the clear mirror of the object, so that it is as if the object alone were there, without anyone to perceive it, and he can no longer separate the perceiver from the perception but both have become one, because the whole consciousness is filled and occupied with one single sensuous picture; if thus the object has to such an extent passed out of all relation to the will, then that which is so known is no longer the particular thing as such; but it is the* Idea, *the eternal form, the immediate objectivity of the will at this grade; and, therefore, he who is sunk in this perception is no longer individual, for in such perception the individual has lost himself; but he is* pure, *will-less, powerless, timeless subject of knowledge."*

Ziemia w obnażeniu zastygłej lawy porytej łożyskami rzek, rozległa, pusta, sprzed początku roślinności.

A rzeka, nad którą przybyli, nazwana przez awanturników Columbia, toczy wody, które są niby zimna i płynna lawa, tak szara, jakby nie było nad nią nieba ani obłoków.

Nie ma tu nic, prócz wiatrów planety wzbijających pył zwietrzałej skały.

Po setce mil zbliża się do nich budynek na płaskowyżu, a kiedy wchodzą do wnętrza, spełnia się dawny sen o wulkanicznej pustyni.

Gdyż jest to muzeum przechowujące hafty księżniczek, kołyski następców tronu, fotografie kuzynów i kuzynek zapomnianej dynastii.

Wicher uderza z łoskotem w mosiężne drzwi, a tutaj skrzypią parkiety przed portretami cara Mikołaja i królowej rumuńskiej Marii.

Jaki szaleniec wybrał to miejsce, żeby złożyć tutaj pamiątki swoich uwielbień, szarfy lila i suknie *crêpe de chine?*

Na wieczną gorycz utraconej cielesności dorodnych panien podróżujących z rodziną do Biarritz.

Na poniżanie dotknięć i szeptów mową osypujących się pumeksowych i bazaltowych żwirów.

The earth in its nakedness of hard lava carved by river beds, the vast earth, void, from before the vegetation.

And the river they came to, called by adventurers Columbia, rolls down her waters, a cold and liquid lava as gray as if there were neither sky nor white clouds above.

Nothing here, except the winds of the planet raising dust from the eroded rock.

And, after a hundred miles, they reach the building on the plateau, and when they enter it, an old dream of a volcanic desert comes true;

For this is a museum, preserving the embroideries of princesses, the cradle of a crown prince, photographs of the cousins and nieces of a forgotten dynasty.

The wind beats loudly against the brass door, while the parquets squeak under the portraits of Tsar Nicholas and of the Romanian queen, Maria.

What madman chose this place to dispose the souvenirs of his adoration, lilac-colored scarves and dresses in crêpe de chine?

For the eternal bitterness of the lost fleshliness of lovely girls traveling with their families to Biarritz.

For the degradation of touches and whispers by the mutterings of strewn pumice and basalt gravel.

Aż zamiast żalu zostaje niemogłuche ćmienie abstrakcji.

Nazywał się Sam Hill i był milionerem. Na wietrznej wyżynie, tam gdzie rzeka Columbia płynąca z Gór Skalistych wydrążyła sobie kaniony w wulkanicznych warstwach z epoki pliocenu i gdzie nieco później wytyczono wzdłuż niej granicę między środkowym stanem Washington i środkowym Oregonem, zaczął w 1914 roku budowę domu, który miał mu posłużyć za muzeum ku czci przyjaciółki, Marii rumuńskiej. Piękność na tronie, najstarsza córka Duke of Edinburgh and Saxe-Coburg-Gotha i Wielkiej Księżnej rosyjskiej Marii, a więc kuzynka zarówno króla Jerzego, jak cara Mikołaja, miała lat osiemnaście kiedy poślubiła w roku 1893 w Poczdamie księcia Ferdynanda Hohenzollern-Zigmaringen, rumuńskiego następcę tronu. Mówiono o niej, że ma *cuisse légère,* czyli lekkie udo. Jakkolwiek było, Sam Hill nazwał budynek Maryhill, łącząc jej imię i swoje nazwisko, a otwarcie muzeum w 1926 roku odbyło się przy współudziale monarchini. Nieliczni turyści, których zagnało w te strony, mają możność oglądać ją w rumuńskim stroju ludowym jak też podziwiać jej rzeźbiony tron, jej kołowrotek i krosna. W gablotkach są przechowywane jej toalety, ściany zdobią portrety jej krewnych, w pierwszym rzędzie carskiej rodziny.

(Strona 24)

Jeżeli nie teraz, to kiedy będzie pora?
Nadchodzi lotnisko Phoenix, widzę stożki
    wulkanicznych gór

Until even regret wears thin, and a deaf-dumb abstract ache remains?

His name was Sam Hill and he was a millionaire. On the windy heights where the Columbia River, flowing down out of the Rocky Mountains, had carved canyons for itself in volcanic layers from the time of the Pliocene, and where, a little later, men traced a border between central Washington and central Oregon, he started to build an edifice in 1914 which was to serve as a museum honoring his friend, Maria of Romania. A beauty on the throne, eldest daughter of the Duke of Edinburgh and Saxe-Coburg-Gotha and of the Great Princess of Russia, Mary, thus cousin to both King George and Tsar Nicholas II, she was eighteen when, in 1893, she married Prince Ferdinand Hohenzollern-Zigmaringen, the Romanian Crown Prince. It was rumored that she had *une cuisse légère,* i.e., a light thigh. Whatever the truth was, Sam Hill named his building Maryhill, uniting her name to his, and the inauguration of the museum in 1926 took place with the active participation of the royal guest. The few tourists who wander that way are able to take a look at her in Romanian folk dress; also to marvel at her sculptured throne, her spinning wheel, and her loom. Her toilets are preserved in the showcases, the walls adorned with portraits of her relatives, predominantly the Tsar's family.

(Page 24)

If not now, when?
Here is the Phoenix airfield,
I see the cones of volcanic mountains

[*45*]

I myślę o wszystkim, czego nie powiedziałem.
O słowach cierpieć i cierpliwość, o tym, ile można znieść
Tresując latami swój gniew, aż zmęczy się i ulegnie.
Nadchodzi wyspa Kauai, szmaragd w oprawie obłoków,
Ciepły wiatr w liściach palmowych, a ja o śniegach
Mojej prowincji dalekiej, w której działy się
Sprawy innego życia, niepojęte.
Jasna połowa planety przesuwa się w ciemność
I zasypiają miasta, każde na swojej godzinie.
A dla mnie jak wtedy za dużo, za dużo świata.

Oczekujący nieskończenie. Co dzień i o każdej godzinie
głodny. Do skurczu w gardle wpatrujący się w twarz każdej
mijanej na ulicy kobiety. Pożądający nie jej, ale całej ziemi.
Rozszerzonymi nozdrzami wciągający zapachy piekarni,
palonej kawy, mokrych warzyw. Pożerający w myśli
wszystkie potrawy i wypijający wszystkie alkohole. Przygoto-
wujący się do absolutnego posiadania.

(Strona 25)

Mówiłeś, ale po waszych mówieniach zostaje cała reszta.
Po waszych mówieniach, poeci, filozofowie, układacze
      romansów.
Cała reszta wywiedziona z głębi ciała,
Które żyje i wie. Nie to, co wiedzieć wolno.

Zatrzymana teraz jestem w wielkiej ciszy.
Ale słowa nie każdemu są potrzebne.

and I think of all I have not said,
About the words "to suffer" and "sufferance" and how one
     can bear a lot
by training anger until it gets tired and gives up.
Here is the island Kauai, an emerald set among
     white clouds,
Warm wind in the palm leaves, and I think of snow
In my distant province where things happened
That belong to another, inconceivable life.
The bright side of the planet moves toward darkness
And the cities are falling asleep, each in its hour,
And for me, now as then, it is too much.
There is too much world.

Waiting indefinitely. Every day and in every hour, hungry.
A spasm in the throat, staring at the face of every woman
passing in the street. Wanting not her but all the earth. De-
siring, with dilated nostrils, the smells of the bakery, of
roasting coffee, wet vegetables. In thought devouring every
dish and drinking every drink. Preparing myself for abso-
lute possession.

(Page 25)

You talked, but after your talking all the rest remains.
After your talking — poets, philosophers, contrivers
     of romances —
Everything else, all the rest deduced inside the flesh
Which lives and knows, not just what is permitted.

I am a woman held fast now in a great silence.
Not all creatures have your need for words.

[*47*]

Ptaki, które zabiłeś, ryby na dnie twojej łódki
W jakich słowach odpoczną i w jakim niebie?

Dary ode mnie dostałeś i były przyjęte.
Ale nie umiesz myśleć o dawno umarłej.
Zapach zimowych jabłek i szronu, i płótna.
I nic prócz podarowań na tej biednej ziemi.

Ciemna akademia. Zasiadają tłumaczki gorsetów, grama-
tyczki halek, poetki ineksprymabli z koronką. Nauka ich o
dotyku jedwabiu do skóry, o słuchaniu szelestu sukni, o
podnoszeniu podbródka, kiedy chwieje się rajer na kape-
luszu. Wykładają pożytek z tego, co przyjęte, z długich
rękawiczek po łokcie i wachlarza, z opuszczonych rzęs i
ukłonów, jak też z ludzkiej mowy, żeby fajansowy ury-
nał, choćby z dna figlarnie spoglądało namalowane tam
oko, nazywał się *naczynie*, stanik podtrzymujący piersi
soutien-gorge, i aby wzorem francuskich prababek pamię-
tających czerwone kabaty angielskich żołnierzy po-
wiadamiać o nadejściu miesiączki: *Anglicy przyjechali*.
Nadrzędny cel i metoda w ledwo zaznaczonym uśmiechu,
bo wszystko jest na niby: dźwięki orkiestr i promenady,
malowidła w złoconych ramach, hymny, pienia, rzeźby w
marmurze, przemówienia mężów stanu i słowo kronik.
Naprawdę jest tylko czucie w swoim wnętrzu ciepła i lep-
kości, i trzeźwa czujność, na spotkanie tej rozkosznej i
niebezpiecznej rzeczy, która nie ma nazwy, a na którą mówi
się: Życie.

Birds you killed, fish you tossed into your boat,
In what words will they find rest and in what Heaven?

You received gifts from me; they were accepted.
But you don't understand how to think about the dead.
The scent of winter apples, of hoarfrost, and of linen:
There are nothing but gifts on this poor, poor Earth.

A dark Academy. Assembled are instructresses in corsets,
grammarians of petticoats, poets of unmentionables with
lace. The curriculum includes feeling the touch of silk
against the skin, listening to the rustle of a dress, raising the
chin when the aigrette on the hat sways. They teach the use
of what is customary: long gloves up to the elbows, a fan,
lowered eyelashes, bows, as well as human speech, so that
a faience chamber pot, even if a painted eye looks up
roguishly from the bottom, is called a *vessel,* a brassiere
lifting the breasts bears the name *soutien-gorge,* and, in the
spirit of French great-grandmothers who remembered the
red coats of English soldiers, a menstruation is announced
as *"the English have arrived."* The superior method and
goal lies in a hardly noticeable smile, for everything is only
make-believe: sounds of orchestras and promenades, paint-
ings in gilded frames, hymns, chorals, marble sculptures,
speeches of statesmen, and the words of chronicles. In
reality there is only a sensation of warmth and gluiness in-
side, also a sober watchfulness when one advances to meet
that delicious and dangerous thing that has no name, though
people call it *life*.

(Strona 27)

Ilu było takich przede mną, którzy wyszli za granicę słów,
Rozumiejąc daremność mowy po stuleciu przywidzeń,
Które były przerażające i nic nie znaczyły?

Co mam począć z lnianobrodym konduktorem
     transsyberyjskiej kolei,
Z damą, której podróżnik ofiarował pierścień Mongolii,
Z obszarami śpiewających telegraficznych drutów
I pluszowymi *coupé,* i stacją po trzecim dzwonku?

Wszyscy stoją na ganku jasno ubrani
I przez zadymione szkiełka patrzą na zaćmienie słońca
Latem 1914 roku w guberni kowieńskiej.
I ja tam jestem, nie wiedzący, jak i co się stanie,
Ale oni też nie wiedzą, jak i co się stanie,
Ani że ten chłopczyk, teraz jeden z nich,
Zawędruje nad przepaść za granicą słów,
Kiedyś, pod koniec życia, kiedy ich nie będzie.

(Strona 29)

W cieniu imperium, z kurami, w gaciach prasłowiańskich,
Naucz się lubić swój wstyd, bo zawsze będzie przy tobie,
I nie odstąpi ciebie, choćbyś zmienił kraj i nazwisko.
Twój wstyd niewydarzenia. Miękkiej sercowiny.
Skwapliwej uniżoności. Zmyślnego udania.
Pylnych dróg na równinie. Wyciętych na opał drzew.

How many before me crossed over the frontier of words
Knowing the futility of speech after a century of phantoms
Which were terrifying but meant nothing?

What am I to do with the conductor of the Trans-Siberian
    Railway,
With the lady to whom a traveler offered a ring from
    Mongolia,
With singing expanses of telephone wires
And lush coupés and a station after every third bell?

They are all standing in front of the porch, dressed in white,
And through sooty pieces of glass they look at the eclipse
In the summer of 1914 in the Kowno gubernia.
And I am there, not knowing how or what will happen.
But they do not know either how or what will happen,
Or that this boy, now one of them,
Will wander as far as a precipice across the frontier
    of words,
Once, at the end of his life, when they will be no more.

In the shadow of the Empire, in Old Slavonic long-johns,
You better learn to like your shame because it will stay
    with you.
It won't go away even if you change your country and
    your name.
The dolorous shame of failure. Shame of the muttony heart.
Of fawning eagerness. Of clever pretending.
Of dusty roads on the plain and trees lopped off for fuel.

W bylejakim siedzisz domu, aby do wiosny.
Kwiatów nie ma w ogrodzie, bo i tak stratują.
Pierogi jesz leniwe, zupę nic na zimno.
I wiecznie upokorzony, nienawidzisz obcych.

(Strona 31)

O piękno, błogosławieństwo: was tylko zebrałem
Z życia, które było gorzkie i pomylone,
Takie, w którym poznaje się swoje i cudze zło.
Zachwyt porażał mnie i tylko zachwyt pamiętam.
Wschody słońca w nieobjętym listowiu,
Kwiaty otwarte po nocy, trawy bezbrzeżne,
Niebieski zarys gór dla krzyku hosanna.
Ile razy mówiłem: nie to jest prawda ziemi,
Od przekleństw i zawodzeń skąd tutaj do hymnów?
Dlaczego chcę udawać, kiedy wiem tak dużo?
Ale usta same wychwalały, nogi same biegły,
Serce mocno biło i język rozgłaszał wielbienie.

(Strona 34)

I skądże ten entuzjazm, jeżeli śmierć blisko?
Czy będziesz widział i słyszał, i czuł?
Ale ziemia do niczego niepodobna.
Jakie lądy! Jakie morza! Jakie dziwowidowisko!
W sali cierpień jak obficie zastawiony stół!

Muzyka trwa, choć tych, którzy ją grali, nie ma.
Ani ich aksamitów, ni nawet podwiązki.
Międzyplanetarni w gąszczu smyczki wzięli.

You sit in a shabby house, putting things off until spring.
No flowers in the garden—they would be trampled anyway.
You eat lazy pancakes, the soupy dessert called
    "Nothing-served-cold."
And, always humiliated, you hate foreigners.

(Page 31)

Pure beauty, benediction: you are all I gathered
From a life that was bitter and confused,
In which I learned about evil, my own and not my own.
Wonder kept seizing me, and I recall only wonder,
Risings of the sun over endless green, a universe
of grasses, and flowers opening to the first light,
Blue outline of the mountain and a hosanna shout.
I asked, how many times, is this the truth of the earth?
How can laments and curses be turned into hymns?
What makes you need to pretend, when you know better?
But the lips praised on their own, on their own the feet ran;
The heart beat strongly; and the tongue proclaimed
    its adoration.

(Page 34)

And why all this ardor if death is so close?
Do you expect to hear and see and feel there?
But you know the Earth is like no other place:
What continents, what oceans, what a show it is!
In the hall of pain, what abundance on the table.

The music endures, but not the music-maker:
No velvet of his survives, not even a garter.
And space-age men, in thickets, lift bows to fiddles,

W swoich wioskach piją, wrzeszczą, grzmocą w kości,
Z umarłymi na wariackiej karuzeli.

A ja tak zostałem doświadczony,
Że nie mogłem pisać oskarżenia,
Bo wesele razem z płaczem przychodziło.
To i co, że zaraz będę z tamtej strony?
Żyć jest słodko, ale i nie patrzeć bardzo miło.

Drink in their villages, squabble, let dice rattle
With the dead perched on a giddy carousel.

And I have lived a life that makes me feel unable
To bring myself to write an accusation.
Joy would spurt in amid the lamentation.
So what, if, in a minute I must close the book:
Life's sweet, but it might be pleasant not to have to look.

Osobny zeszyt:

kartki dotyczące lat niepodległości

(*Strona 35*)

O wiele łatwiej dostać się nad rzekę Columbia, która wpada do Pacyfiku, albo rozbić namiot nad rzeką Athabasca płynącą do jezior polarnych, niż przeniknąć w tę strefę, gdzie zostały srebrne wężyki na kołnierzu ojcowskiego munduru. Jest wiosna tysiąc dziewięćset dwudziestego roku, mieszkają na Nadbrzeżnej, tuż koło kościoła Świętego Jakuba, i kto by spodziewał się, że tak przechowa się w kimś ten zapach kwiatów, ławek, nieszporów? Bryczką z żołnierzem na koźle jeżdżą wzdłuż Wilii, na Antokol i dalej, za miasto, gdzie nad rzeką stacjonują saperzy. I wszystko jest zielenią, zielenią przybrane baterie, oliwkowozielony pierwszy samochód pancerny i zieleń za oknami, kiedy ojciec śpiewa:

> *Nad brzegiem pięknych wód Loary*
> *Tam były moje urodziny.*
> *To stamtąd płyną dwa towary:*
> *Przepyszne wstążki, karabiny.*

O kim tę piosenkę ułożono? O broni z Francji przysłanej? O pancerce? A jeszcze śpiewaja:

> *Nad Stochodem, gdzie w wojence padł,*
> *Rośnie na mogile białej róży kwiat.*

The Separate Notebooks:
Pages Concerning the Years of Independence

(Page 35)

It is much easier to reach the Columbia River which empties into the Pacific, or to pitch a tent at the Athabaska River flowing to polar lakes, than to penetrate that zone marked by the zigzag silver lines on the collar of his father's uniform. It is the spring of the year nineteen hundred twenty, they live on Embankment Street, just by the Church of Saint Jacob, and who would have supposed that one man could preserve inside himself, so vividly, that aroma of flowers, benches, vespers? In a britzka with a soldier on the driver's seat they ride along the Wilia to Antokol and beyond, out of town, where sappers have been stationed on the banks of the river. And everything is green, batteries painted that special olive-green seen now for the first time, and an armored car, and the green outside the window when his father sings:

> *"On the banks of the river Loire,*
> *There was my birth and my cradle.*
> *Two kinds of goods flow from that land:*
> *Beautiful ribbons and rifles."*

What is that song about? About weapons sent from France? About an armored car? And they sing this, also:

> *"At a far-away river, where he fell in battle,*
> *A white rose blossoms on his grave."*

I też na Nadbrzeżnej, tylko u drugiego jej końca, bliżej przystani, pani Burchardtowa, stojąc z lewej, pamięta to, strony fortepianu, wywodzi z wysokiej szyi melodię mało zrozumiałej pieśni:

Szu miały muecha kawiarni

Na murach domów nad Wilią czyta: Piłsudski, i myśli: czemu napisali „ds" a nie „dz", jak powinno być po polsku? I pani Strawińska i pani Niezabitowska i brat Marysi Pawlikowskiej Danek został lotnikiem, Wituś gdzieś daleko ze swoim pułkiem jazdy, Nina, wariatka, podobno wstąpiła do ułanów. Kiedy doktor Swieżyński wycina mu migdałki, boli dziwnie ale krótko i potem wolno jeść dużo lodów, a przypomina to sobie później siedząc w krześle dentystycznym kiedy doktor Hallatt śmieje się: *„You are certainly not a complainer!"*. Lody, czereśnie, już lato, wielkie nagłówki w gazetach i coraz więcej rozmów półgłosem. Przerwanie frontu znaczy dla niego tamto, z pierwszej pamięci: pylne drogi pod łuną dalekiego ognia artylerii, eszelony, koczowania, strachy. Zapchana brykami, furgonami, wózkami upalna szosa od Niemenczyna pozostanie dla niego samą ideą klęski. Będzie też mógł powiedzieć nie wprowadzając w błąd nikogo: znam pustoszejące ulice miasta ze spojrzeniami zza przymkniętych okiennic. O zmierzchu ich wóz wyładowany betami i pozorem dla koni wjeżdża pod górę, zakrętami szosy która idzie przez Ponary na Landwarów, ale kiedy oglądnąć się, miasto w dole jest ciemne. Czym dla niego stały się później, kiedy był

And also on Embankment Street, only at its other end, close to the harbor, Mrs. Burchardt, standing on the left side — he remembers — of the piano, draws from her long neck the melody of another soldier's song, difficult to understand:

"The echoes of cafes came back to him."

On the walls of houses by the Wilia he reads: "Piłsudski" and thinks, "Why did they write *ds* instead of *dz* as it should be in Polish?" And Mrs. Strawinski and Mrs. Niezabitowski; and Mary Pawlikowski's brother Dan who became an aviator; Witold is far away with his regiment of cavalry; Nina, that crazy girl, joined, they say, a unit of dragoons. When Dr. Swieżynski cut out his tonsils, it was painful, but for an instant only and then one was allowed to eat a lot of ice cream, something he remembers much later, sitting in the dentist's chair when Dr. Hallat laughs: "You certainly are no complainer!" Ice cream, cherries; summer is already here, larger and larger headlines in the newspapers, more and more whispered conversations. Ever since, the breaking of the front has meant for him what his memory absorbed then: dusty roads under the glow of artillery fire, military trains, wandering, panics. The very idea of defeat will always be for him a scorched highway leading to Niemenczyn, packed with carts, wagons, britzkas. He will also be able to say, without distortion: I know how the streets of a city grow empty, while eyes peep from behind half-closed shutters. At dusk their wagon, loaded with belongings and fodder for the horses, climbs the serpentine curves of the road leading through Ponary towards Landwarow; when he looks back, the city is dark. What those serpentine curves in the road became for him later when he

studentem, serpentyny tej szosy, jak patrzył z nich na miasto, nie może sobie teraz dokładnie przedstawić ani sprawdzić okoliczności, bo nie ma kogo zapytać, to było dawno i wszyscy umarli. Nie powinno tak być ale jest, że nawet srebrne wężyki na kołnierzu ojcowskiego munduru pojawiają się tylko jeżeli wróci melodia piosenki:

> *„Nad brzegiem pięknych wód Loary*
> *Tam były moje urodziny."*

(Strona 36)

Wojna była wygrana i gwiazdy spokojne.

Topolowa i polna kraina uboga uchroniła skrzydła nad chatą bocianie i swój chleb znaczony znakiem krzyża.

Nikt nie miał wycinać lipowych alei ani osaczać wiosek nad ranem i wysyłać ludzi transportami na wschód.

Majsterkowie poszywający dachy słomą, wiejscy kowale, bednarze sposobiący beczki na porę kiszenia kapusty mieli pełne ręce roboty, jak i muzykanci na weselach.

Zachowana została bieda powszednia, bosonodzy pastuszkowie palili na ścierniach ogniska, gęsi gęgały na rozłogu i skrzypiały studzienne żurawie.

Czarne miasteczka okryte w dni jarmarczne wzorzystą derką i szczupiące z worka owies, w piątek wieczorem zapalały świece.

was a student, he cannot recall precisely now, nor can he verify the circumstances, for there is nobody to ask. It was long ago and all of them are dead. It should not be that way, but it is: even the silvery zigzag lines on the collar of his father's uniform appear only when the melody of a little song returns:

> *"On the banks of the river Loire,*
> *There was my birth and my cradle."*

(Page 36)

The war was over and the stars, serene.

The impoverished country of fields and poplars had managed to protect the wings of the storks nesting on its huts and the bread marked with a sign of the cross.

No one would be cutting down alleys of linden or surrounding villages at dawn to deport people in long trains to the East.

Artisans thatching roofs with straw, village blacksmiths, coopers preparing tubs for the cabbage-pickling season were constantly busy, as were musicians at weddings.

Everyday poverty was preserved, barefooted little shepherds were making fires on the stubble, geese gaggled on the meadows, and wooden hoists at the wells creaked.

Black towns, that on fair-days wore multicolored blankets and nibbled oats from a bag, were lighting candles at sundown on Friday.

[*61*]

Drewniane szprychy klekotały nocą w polu i łuna szła od wieczornej zorzy, nie od przebudzonych miast.

Uczeń galicyjskiego gimnazjum, wyrobnik, panicz i gospodarski syn leżeli pod darnią zostawiając ojczyznę sprawom Króla-Ducha.

Zwycięzca, szlachcic o niepolskim nazwisku, gryzł wąs i nic nie mówił.

> „Wyszedł... na pola... żyt i czarnoziemu,
> Szerokie, miłe wzrokowi wolnemu".

Gdybyż to jak jego ojciec układać płodozmiany, obmyślać, co zrobią jutro czeladź i kumiecie!

> „Sionki wysokie a glinami śliskie"

Gdybyż to mieć chociażby tyle mocy, ile miał król-oracz, sędzia pod jabłoniami!

> „Ciągle mnie wznosisz do się różo złota,
> Zawsze widziana w przededniach żywota".

Nie było jego państwa: żadne plemię nie chciało jego związku narodów.

> „Ścigany wielkim genezyjskim krzykiem"

Nie było jego kraju: był inny kraj, który dostał za późno.

> „Jestem jak żebrak zatrzymany w drodze"

Wooden spokes clattered at night through the fields, and a glow came from the sunsets, not from awakening cities.

A student from a Galician high school, a farmhand, a landowner's son and a young peasant lay under the sod, leaving their homelands to the doings of the King-Spirit.

The victor, a nobleman with a *ds* in his non-Polish name, was biting his moustache and saying nothing.

> *"He went out into the fields, black earth and rye*
> *Spread wide before his freedom-loving eye."*

If only, as his father had done, he could busy himself with the rotation of crops, with planning the next day's work for servants and field hands!

> *"High-roofed front porches, floors of slick wet clay"*

If only he had the power of the peasant-king, judge under the apple trees!

> *"In the silence before the dawn of life,*
> *O golden rose, you lift me to yourself."*

No State was truly his; no tribe desired his union of nations.

> *"And he, pursued by a great Genesic cry"*

No country was his; there was only this other country, the one he got too late.

> *"I am like a beggar stopped on a road"*

[*63*]

A gwiazdy nad jego głową nie były spokojne, ale co w nich wyczytał, nie przydałoby się nikomu.

Trumna pod białym orłem złożona w królewskich grobach, ale serce gdzie indziej, w jego mieście, w jego stolicy.

I cóż to za spadkobierca korony Bolesławów, po którym znów bezdomność pobitych pokoleń?

> *„Jak gdyby uśmiech był to, co należy*
> *Tym świętym pieśniom — na których krew leży".*
>
> *(Cytaty z „Króla-Ducha")*

(Strona 37)   *Do Józefa Czechowicza*

Możliwe, że umarli nie potrzebują raportów z ziemi i co działo się, później oglądają w symbolu.

Ja jednak zakładam u ciebie niejakie zainteresowanie, przynajmniej twoim dalszym pobytem wśród żywych.

Staram się tedy opisać, jaki pojawiasz się teraz, na moim innym lądzie, w późnej błyskawicy.

Ciemnowłosy chłopak w niebieskim mundurze piechoty, maciejówka z orzełkiem i owijacze.

Bo byłeś przez dwa tygodnie żołnierzem w Dwudziestym Roku i tak byli ubrani aktorzy w twojej sztuce.

Którą Horzyca zdążył wystawić, zanim rozpadły się nasze biurka w pokoju o skrzypiących posadzkach przy placu Dąbrowskiego.

[*64*]

The stars over his head were not serene, but what he read in them would be of no avail to anybody.

A coffin under a white eagle deposited in the royal tombs, but the heart elsewhere, in his city, his own capital.

Such then was the inheritor of the Boleslavian crown— after whom again the homelessness of vanquished generations?

> *"As though a smile were the only thing we owed*
> *These holy songs — and to their gift of blood."*
>
> *("The Spirit King")*

(Page 37)   *to Józef Czechowicz* see note

It is possible that the dead do not need reports from the Earth, and see in one symbol all that occurred later.

Yet I presume you have some trace of interest, at least as to your own continued stay among the living.

Therefore I try to describe how you appear now, on this other continent, in the sudden lightning of your afterlife.

A dark-haired young boy in a blue infantry uniform, a cap with a little white eagle, and puttees.

Because you were a soldier for two weeks in the Nineteen Twenty, and wrote about it, and the actors in your play were dressed in that same uniform.

That play which Horzyca succeeded in putting on stage, before our desks in that creaky office on Dabrowski Square disintegrated.

[*65*]

Zanim ty zginąłeś od bomby, Szulc w Oświęcimiu, Szpak od kuli, za to że nie poszedł do getta, Włodarkiewiczowa od ataku serca w New Yorku.

Więc nie dziwi mnie ten strój na tobie krążącym koło mnie i kiedy nagrywałem twoje wiersze w Linguistic Lab i dzisiaj, kiedy ich słucham.

Odebrane żywoty, znieważone ziemie i grzech, a twoja nuta czysta nad otchłanią.

Z żelaznych łóżek, reumatycznych suteryn, rozczochranych zawodzeń i szlochów, perkalowej nędzy.

Z wychodków w podwórzu, pomidorów na oknie, pary nad balią, zatłuszczonych kajetów w kratkę —

Jak mogła wzbijać się ta skromna muzyka na młode głosy, ciemne pola przemieniająca?

Senne pola, trochę nagietków i malw, u moji matusi, u moji kochany.

Oddzielony skazą we krwi, świadomy Fatum: ale trwa tylko zaśpiew, o całym smutku nikt nie wie.

A to mnie udręczało przez te lata, które żyłem po tobie: pytanie gdzie jest prawda niespamiętanych rzeczy.

Gdzie ty za twoimi słowami i wszyscy milczący, i zaniemiałe państwo, które raz kiedyś było.

Before you perished from a bomb, Szulc in Auschwitz, Szpak from a bullet because he refused to be closed in the ghetto, Janina Włodarkiewicz from a heart attack in New York.

So I am not surprised at your being dressed that way as you circle around me, when I record your poems in the Language Lab or play them back from a tape.

Lives taken away, lands defiled, sins: and your note, pure above the abyss.

From iron beds, rheumatic basements, disheveled basements and wailings, a calico misery,

From shit-houses in the yard, tomatoes on the window sill, vapor over bathtubs, greasy checkered notebooks—

How could that modest music for young voices soar, transforming the dark fields below?

Sleepy fields, some marigolds and mallows, in the garden of my *Matusia,* my dear Momma.

You were set apart by a flaw in your blood, you knew about Fate; but only the chant endures, nobody knows about your sorrow.

And this is what tormented me in those years I lived after you; a question: Where is the truth of unremembered things?

Where are you behind your words, and all who are silent, and a State now silent though it once existed?

Osobny zeszyt:

Gwiazda Piołun

(Strona 38)

Teraz nie ma już nic do stracenia, mój ostrożny, mój przebiegły, mój ty hipersamolubny kocie.

Teraz możemy składać wyznania bez obawy, że zrobią z nich użytek wrogowie potężni.

Jesteśmy echem, które biegnie z drobnym tupotem przez amfiladę pokoi.

Zapalają się i gasną sezony, ale jak w ogrodzie, w którym nie bywamy.

I ulga, bo nie musimy starać się dorównać im, ludziom, w biegu i skoku.

Ziemia Waszej Wysokości nie podobała się.

W noc, kiedy jest poczęte dziecko, zawarty zostaje pakt niezrozumiały.

I niewinny dostaje wyrok, ale sensu nie zdoła odgadnąć.

Choćby wróżył z popiołu, konstelacji gwiazd i lotu ptaków.

Ohydny pakt, we krwi uwikłanie, anabasis mściwych genów z bagiennych tysiącleci,

The Separate Notebooks:
The Wormwood Star

(Page 38)

Now there is nothing to lose, my cautious, my cunning, my hyper-selfish cat.

Now we can make confession, without fear that it will be used by mighty enemies.

We are an echo that runs, skittering, through a train of rooms.

Seasons flare and fade, but as in a garden we do not enter anymore.

And that's a relief, for we do not need to catch up with the others, in the sprints and the high jump.

The Earth has not been to Your Majesty's liking.

The night a child is conceived, an obscure pact is concluded.

And the innocent receives a sentence, but he won't be able to unravel its meaning.

Even if he consults ashes, stars, and flights of birds.

A hideous pact, an entanglement in blood, an anabasis of vengeful genes arriving from swampy millennia,

Od przygłupów, kulawców, pomieszanych dziewek i francowatych królów,

Przy udzie baranim i kaszy i siorbaniu polewki.

Chrzczony z wody i oleju, kiedy wschodzi Gwiazda Piołun,

Bawiłem się na łące koło pałatek Czerwonego Krzyża.

Pora mnie wyznaczona, jakby za mało prywatnego losu

W jakimś niedużym staroświeckim mieście („Północ właśnie wybiła na ratuszowym zegarze, kiedy student N." ...i take dalej).

Jak mówić? Jak rozedrzeć skórę słów?
Co napisałem, wydaje się teraz nie to.
I co przeżyłem, wydaje się teraz nie to.

Kiedy Tomas przywiózł wiadomość, że domu, w którym urodziłem się, nie ma,

Ani alei, ani parku schodzącego do rzeki, nic,

Przyśnił mi się sen powrotu. Radosny. Barwny. Latać umiałem.

I drzewa były jeszcze większe niż w dzieciństwie, bo rosły cały czas, kiedy już ich nie było.

Utrata rodzinnych okolic i ojczyzny,

From the half-witted and the crippled, from crazed wenches
and syphilitic kings

At mutton's leg and barley and the slurping of soup.

Baptized with oil and water when the Wormwood Star was
rising,

I played in a meadow by the tents of the Red Cross.

That was the time assigned to me, as if a personal fate were
not enough.

In a small archaic town ("The bell on the City Hall clock
chimed midnight, as a student N . . ." and so on).

How to speak? How to tear apart the skin of words?
What I have written seems to me now not that.
And what I have lived seems to me now not that.

When Thomas brought the news that the house I was born
in no longer exists,

Neither the lane nor the park sloping to the river, nothing,

I had a dream of return. Multicolored. Joyous. I was able
to fly.

And the trees were even higher than in childhood, because
they had been growing during all the years since they had
been cut down.

The loss of a native province, of a homeland,

[*71*]

Błądzenie całe życie wśród obcych narodów,

To nawet

Jest tylko romantyczne, czyli do zniesienia.

Tak zresztą spełniła się moja modlitwa, ucznia gimnazjum wychowanego na wieszczach: prośba o wielkość, to znaczy wygnanie.

Ziemia Waszej Wysokości nie podobała się

Z innej niż państwo światowe przyczyny.

Jakkolwiek zdumiewam się, że dożyłem szacownego wieku.

I niewątpliwie zaznałem wybawień cudownych, za które wdzięczność ślubowałem Bogu, czyli że tamta groza i mnie nawiedziła.

(Strona 39)

Słyszy głosy, ale nie pojmuje tych krzyków, modlitw, bluź-nierstw, hymnów, które jego obrały za medium. Chciałby wiedzieć, kim był, a nie wie. Chciałby być jeden, a jest wielością w sobie sprzeczną, która go trochę tylko cieszy, a bardziej zawstydza. Pamięta pałatki Czerwonego Krzyża nad jeziorem w miejscowości Wyszki (a nie umiałby ich nazwać namiotami, jeżeli wtedy tak ich nie nazywał). Pamięta wodę wyczerpywaną z łodzi, wielkie szare fale i jak gdyby wynurzającą się z nich cerkiew wioski. Myśli o tam-tym roku 1916 i o swojej pięknej kuzynce Eli w uniformie

Wandering one's whole life among foreign tribes—

Even this

Is only romantic, i.e., bearable.

Besides, that's how my prayer of a high school student was answered, of a boy who read the bards and asked for greatness which means exile.

The Earth has not been to Your Majesty's liking,

For a reason having nothing to do with the Planetary State.

Nonetheless I am amazed to have reached a venerable age.

And certainly I have experienced miraculous narrow escapes for which I vowed to God my gratitude,

So the horror of those days visited me as well.

(Page 39)

He hears voices but he does not understand the screams, prayers, blasphemies, hymns which chose him for their medium. He would like to know who he was, but he does not know. He would like to be one, but he is a self-contradictory multitude which gives him some joy, but more shame. He remembers tents of the Red Cross on the shore of a lake at a place called Wyszki. He remembers water scooped out of the boat, big gray waves and a bulblike Orthodox church which seems to emerge from them. He thinks of that year, 1916, and of his beautiful

[*73*]

siestricy, o tym, jak z poślubionym właśnie urodziwym oficerem przemierza konno setki wiorst przyfrontowej strefy. A jego mamusia okryta szalem siedzi przed kominkiem o zmierzchu z panem Niekraszem, którego zna z lat studenckich w Rydze i jego pagony błyszczą. Przeszkadzał im w rozmowie, ale teraz siedzi grzecznie i wpatruje się w sine płomyki, bo powiedziała, że jeżeli będzie długo patrzeć, to zobaczy tam, jak jedzie śmieszny człowieczek z fajką.

(Strona 40)

Co zrobimy z dzieckiem kobiety? zapytują moce
Przelatując nad ziemią. Lufy baterii
Skaczą w odrzucie. I znów. A tam równina,
Błyska aż po horyzont, mrowi się, biegną.
W parku nad jeziorem szpitalne pałatki
Koło szpalerów, klombów i warzywnika.
Teraz w galop. Rozwiewa się welon siestricy,
Karogniady koń ostry, ściernie, parowy.
Od bindugi na rzece rudobrodzi wiosłują.
Otwiera się za dymem połamany bór.

(Strona 41)

Wiedza nasza niewysoka, powiadają moce.
Ból ich poznajemy, ale nie współczując,
Majestat podziwiamy, pod obłokami,
Pokorę Matki, Substancji, Ziemi dziewiczej.
I co nam żywoty, co nam umieranie?

cousin Ela in the uniform of an army nurse, of her riding
through hundreds of versts along the front with a handsome
officer, whom she has just married. Mama, covered with a
shawl, is sitting by the fireplace at dusk with Mr. Niekrasz
whom she knows from her student days at Riga, and his
epaulets glitter. He had disturbed their conversation, but
now he sits quietly and looks intently at the bluish flames,
for she has told him that if he looks long enough he will see
a funny little man with a pipe in there, riding around.

(Page 40)

What should we do with the child of a woman? ask
    the Powers
Above the Earth. The barrel of a cannon
Leaps, recoiling. Again. And a plain flares up
As far as the horizon. Thousands of them, running.
In the park on the lake shore tents of the Red Cross
Among hedges, flower beds, vegetable gardens.
Now, into a gallop: the nurse's veil, streaming.
A pitch-black stallion rearing; stubble, ravines.
At the river bank, red-bearded soldiers rowing.
Opens, through the smoke, a forest of broken firs.

(Page 41)

Our knowledge is not profound, say the Powers.
We come to know their pain but without compassion.
We wonder at the radiance under the clouds,
At the humility of the Mother, Substance, the Earth,
    a virgin.
Why should we care about living and dying?

[*75*]

(Strona 42)

Na czworakach wypełzli z ziemianki. Świta.
Daleko, pod mroźną zorzą, pociąg pancerny.

(Strona 43)

Idzie, ale nie borem lasem, przymierając z głodu czasem,
tylko pokojami, w których wre, błyska, mieni się kolor i
dźwięk form raz narodzonych. Tutaj gromada kobziarzy
zagarniętych w średniowiecznej wiosce wspina się trawias-
tym zboczem na płaskowyż, gdzie będzie przygrywać do
ataku, tam Wilia tak wylała, że doszła do stopni katedry i
pod ostrym słońcem kwietnia łódki malowane w niebieskie,
białe i zielone pasy uwijają się koło katedralnej wieży, tam
znów chłopcy zbierając maliny natrafili na zarosły cmen-
tarz z imionami Faust, Hildebrand. Zaiste, co nam żywoty,
co nam umieranie.

(Strona 44)

Panie Dwudziestego Roku, które dawały nam kakao.
Rośnijcie Polsce na chwałę, rycerzyki nasze, orlęta!
Amaranty zapięte pod szyją, nasi ułani wjeżdżają od
     Ostrej Bramy.
Panie z Koła Polek, panie z P.O.W.

(Page 42)

On all fours they crawled out of the dugout. Dawn.
Far away, under a cold aurora, an armored train.

(Page 43)

He walks, not like the soldier in the song, worn and weary,
through the fields and forest dreary, but through many
rooms in which the sounds and colors of forms that have
come into being crackle, glitter and boil up. Here a band of
bagpipers sequestered in a medieval village climbs a grassy
slope toward a plateau where they are going to play to the
battle; there the flood waters of the river Wilia have risen so
high that they reach the steps of the cathedral, and, under
the sharp light of April, rowboats painted with blue, white
and green stripes cruise around under the cathedral tower;
over there, little boys gathering raspberries have stumbled
on a cemetery overgrown with hopbines and bend down to
decipher names: Faust, Hildebrand. Indeed, why should we
care about living and dying?

(Page 44)

Ladies of 1920 who served us cocoa.
Grow strong for the glory of Poland, our little knights,
     our eagles!
"Jackets carmine, buttons bright." And the lancers
     enter the city gate.
Ladies from the Polish Circle, ladies from the
     Auxiliary Corps.

(Strona 45)

Do muzeum wiozłem ich fraki lamowane srebrem,
Tabakiery mówców z izb poselskich.
Kopyta perszeronów stukały po asfalcie,
Niosło od pustych ulic zapachem zgnilizny.
Popijaliśmy sobie spirt, my woźnice.

(Strona 46)

,,Matko wspomnienia, kochanie kochania''. Od autobusu
wiózł go Władek dokartem, a nikt tam nie zastanowił się,
że nazwa znaczy tyle co dog-cart. Szosa wyboista i zupeł-
nie pusta, na wietrznej, bezdrzewnej wyżynie, w dole po
prawej nieduże jezioro, dalej przesmyk: tu osiadłe w
zielonych polach oko wody, tam szeroka migotliwa przes-
trzeń między pagórkami z głazem narzutowym i jałowcem.
Biała plamka perkoza pośrodku łuszczącego się blasku.
Skręcili na lewo drogą gruntową, tam gdzie widać jeszcze
jedno jezioro, i w dolince u jego końca przejechali wioskę, a
za nią znów pod górę w las sosny i jedliny z poszyciem
leszczyn, i lasem prawie do samego domu.
    ,,— Któż zarzuci niedokładność, któż rozpozna miejsca i
ludzi? Władza moja jest zupełna, wszystko należy tam teraz
do jednego tylko człowieka, który kiedyś, uczeń z Wilna,
przywieziony został dokartem. I albo zechcę albo nie, po-
wiedzieć, kim był Władek, na przykład, że przed pierwszą
wojną studiował inżynierię w Karlsruhe, albo kim była
ciocia Florentyna, że jeszcze za jej młodości las nieru-
szony, starodrzewia, stał ścianą na trzech kilometrach gar-
bów i spadzin między tym i tamtym, ogromnym, jeziorem, i

[*78*]

(Page 45)

To the museum I carted frock coats laced with silver,
Snuff boxes of speakers from chambers of deputies.
The hooves of draft horses clattered on the asphalt,
In the empty streets the smell of putrefaction.
We kept guzzling vodka, we drivers.

(Page 46)

"Mère des souvenirs, maîtresse de maîtresses." Vlad drove
him from the bus station in a carriage called a *dokart,* and
nobody there knew or cared that the name meant dogcart.
A road through a windy, treeless upland, full of potholes
and not much traveled. Below to the right, a middle-sized
lake, further on, an isthmus: on one side, an eye of water
among green fields; on the other, a large shimmering ex-
panse set among hills of juniper and postdiluvian rock. The
white spot of a grebe in the middle of that scaling bright-
ness. They turned left onto a dirt road from which one more
lake was visible, passed through a village in a dell at its end,
and turned up through a forest of pine, fir, and hazel scrub,
which meant they were practically home.

"—Who is going to reproach me for lack of precision,
who would recognize the places or the people? My power is
absolute, everything there belongs to one man now, who
once, a student from Wilno, arrived there in a dogcart. I de-
cide whether or not I want to tell, for instance, who Vlad
was, that before World War I he studied engineering in
Karlsruhe; or who Aunt Florentyna was, that in the time of
her youth an old forest still formed a huge natural wall on
the three kilometers of holms and slopes between this and
the other, immense lake, and that it was she who used to

[*79*]

że ona to sprowadzała te francuskie romanse w żółtych okładkach: Bourget, Gyp, Daudet. Co wybrać, co pominąć, moja wola, i tylko zastanawia mnie niechęć do fantazjowań, jakbym wierzył, że można wiernie odtworzyć, co było. I dlaczego Florentyna? Trudno przychodzi nowa wiedza: że wolno do niej teraz mówić 'ty', choć nigdy bym się wtedy nie ośmielił, i że nie jest starą damą, ale panienką i dzieckiem, i wszystkim równocześnie. Co mnie do niej, w gorsecie i tiurniurze, niewyobrażalnej w jej cielesnych potrzebach, wożącej córki do Warszawy, Paryża, Wenecji i Biarritz? A przecie myśl właśnie o niej wprowadzała mnie w to udzielne państwo czystej empirii. O tym jak pogodziła się: zamiast żeby ekonom i służba, córki wstają o świcie, długie buty, kożuchy, do stajni, do chlewu, wysyłają dworskich na robotę, nadzorują w zimie młóćby do wieczora. A przez trzy miesiące roku już nie dwór, tylko pensjonat dla letników, w kuchni u Katreczki ogień pali się od czwartej rano do nocy i Władek godzinami wali w fortepian, a oni, ci goście, którzy płacą, tańczą. Także milczącą zmianę obyczaju trzeba było przyjąć, obojętność na to, czy córki mają mężczyzn ze ślubem czy bez ślubu, i że prócz Władka mieszka to Jerzyk, to kto inny. Wszystko było, jak było, niewymówione, tak że konieczna zwyczajność obracała jakąkolwiek zasadę i wymaganie w ludzki wymysł obezwładniany bez tak i nie. Nie jeżdżono do kościoła, czasem tylko, dla Florentyny. I ona, z dwiema nie bardzo katolickimi córkami, była moją ukrytą myślą o umowności wiar i przekonań, które nie mogą oprzeć się prawu rzeczy."

buy those French novels in yellow covers: Bourget, Gyp, Daudet. What to select, what to leave out depends on my will, and I wonder at my reluctance to indulge in fiction, as if I believed that one could faithfully reconstruct what once was. And why Florentyna? It is hard to take in: that I am allowed now to address her informally, though then I would not have dared, and that she is not an old lady but simultaneously a young girl and a child and all of them. What do I have to do with her, in her corsets and bustle skirts, unimaginable in her physical needs, taking her daughters to Warsaw, Paris, Venice and Biarritz? And yet it was precisely my reflecting on her that introduced me to the kingdom of the purely empirical. How she had to make do: instead of having a manager and servants, her daughters get up at dawn — kneeboots, sheepskin coats — go to the stable, to the pigsty, assign work to farmhands, in winter supervise the threshing until evening. And for three months every year, there is no manor, just a boardinghouse for paying guests; in Kathleen's kitchen a fire burns from four in the morning until late at night, Vlad pounds on the piano for hours, and they, those guests, dance. She had also to accept a tacit change in customs; she had to decide not to notice whether her daughters had men with the blessing of marriage or without, so that, besides Vlad, someone else would live on the premises, George or some other boy. Everything was as it was, unspoken, so that an inevitable dailiness turned the strictest principles into those human inventions which evaporate without anyone bothering to say yes or no. There were no trips to church, except sometimes for Florentyna's sake. And she, with her two not-too-Catholic daughters, became my hidden thought about the sheer relativity of beliefs and convictions, which cannot resist the law of things."

W istocie, dlaczego jemu, snującemu ten monolog, nie miałoby, co tam poznał, wystarczyć? Myślał wtedy, że znalazł się tam przypadkiem i na tymczasem, że jest to tylko wstęp do czegoś, ale nigdy i później nie było nic prócz wstępu i na tymczasem.

(Strona 47)

Materiał ten, kosmaty, prawie wojłok,
W ciągu całego stulecia używany był na szlafroki,
Więc nie rozróżnisz, koniec to czy początek
    dwudziestego wieku,
Jeżeli siedząca przed lustrem jego płat odchyla
Jaskrawożółty nad różobrązem jej piersi.
Ani szczotka w jej ręku nie zmieniła kształtu
I rama okienna może być kiedykolwiek,
Jak i widok na wiatrem zginane jesiony.
I kto jest ona, w tym jedynym ciele
Przebywającą i w jedynej chwili?
Przez kogo tutaj naprawdę widziana
Kiedy odjęte jest nawet jej imię?
Jej skóra dla nikogo w trzeciej osobie,
Jej najgładszej skóry nie ma w trzeciej osobie.
A oto i obłok nadbiega zza drzew
Obrzeżony miedzianym blaskiem i to wszystko
Nieruchomieje, stęża się, wstępuje w światło.

(Strona 48)

Zorza północnych okolic, śpiew żeńców za jeziorem.
Daleko ruszają się, drobni, wiążą ostatnie snopy.

And really, for him, spinning this monologue, why shouldn't what he learned there be enough? He had thought that he found himself there by chance and for the time being, that it was just a preface to something, but later on, too, there was nothing more than a preface and for the time being.

(Page 47)

For some hundred years that fabric, fleecy,

many things unchanged

Thick as felt, was used to manufacture robes,
So you can't tell whether it is the end or the beginning of the
    twentieth century,
Now, when she, sitting before her mirror, opens the folds of
    her gown,
Bright yellow on the rose bronze of her breasts.
Nor has the brush in her hand changed its shape.
And the window frame belongs to any time,
And the view onto ash trees bent by the wind.
And who is she, in this one flesh only,
Inhabiting this one moment?
By whom is she to be seen
If she is deprived even of her name?
Her skin in the third person is for nobody,
Her most smooth skin in the third person does not exist.
And look — from behind the trees clouds rush in
Bordered with coppery lace, and all this
Stalls, hardens, and rises into light.

(Page 48)

Northern sunset, beyond the lake a song of harvesters.
They move about, tiny, binding the last sheaves.

Jakie prawo przedstawiać ich sobie, jak powracają
  do wioski
I zasiadają przy ogniu, i warzą, i krają chleb,
Albo ich ojców, w chatach przed wynalazkiem komina,
Kiedy każdy dach kurzył się niby od pożaru,
Albo całą tę ziemię, nim została wydana wiatrom,
Cichą, z okami jezior w nietkniętym borze?
I jakie prawo zgadywać następne wschody słońca
Nad więziennym pociągiem czy snem wieżowych żurawi?
Siebie mianować bogiem, który zagląda w ich okna,
Potrząsa głową, odchodzi, litując się, bo wie dużo?
Ty, młody panie myśliwy, lepiej łódkę prowadź na głębię
I podbierz zabitą kaczkę, nim zrobi się ciemno.

(Strona 49)

W nocnym pociągu, zupełnie pustym, hałasującym przez
pola, przez lasy, młody człowiek, ja dawny, niepojęcie ze
mną tożsamy, podkurcza nogi na twardej ławce, bo zimno w
wagonie, i drzemiąc słyszy klask przejazdów, echo mostów,
takty przęseł, gwizd lokomotywy. Budzi się, przeciera oczy
i widzi nad przelatującymi kostrubami sosen granatowy
obszar, w którym jarzy się, nisko, jedna krwawa gwiazda.

(Strona 50)
Gwiazda Piołun

Pod Gwiazdą Piołun gorzkie toczyły się rzeki.
Człowiek na polu zbierał gorzki chleb.

Who has the right to imagine how they return to the village,
And sit down by the fire and cook and cut their bread?
Or how their fathers lived in huts without chimneys,
When every roof would smoke as if on fire?
Or how the land was once, before being given to the winds,
Quiet, the lakes like eyes in the untouched forest?
And who has the right to guess how the sun will set in
     the future
Over a prison train or the sleep of rigs on building sites,
To make himself a god who looks through their windows
And shakes his head and walks off full of pity because he
     knows so much?
You, my young hunter, had better just ease your canoe from
     the shore
And pick up the killed mallard before it gets dark.

(Page 49)

In a night train, completely empty, clattering through fields
and woods, a young man, my ancient self, incomprehensi-
bly identical with me, tucks up his legs on a hard bench — it
is cold in the wagon — and in his slumber hears the clap of
level crossings, echo of bridges, thrum of spans, the whistle
of the locomotive. He wakes up, rubs his eyes, and above
the tossed-back scarecrows of the pines he sees a dark blue
expanse in which, low on the horizon, one blood-red star is
glowing.

(Page 50)

The Wormwood Star

Under the Wormwood star bitter rivers flowed.
Man in the fields gathered bitter bread.

[*85*]

Nie świecił nad nim w górze znak boskiej opieki
I hołdu swoich wiernych domagał się wiek.

Od dinozaura swój ród wywodzili.
Zręczność lemurów z grot skalnych przynieśli.
I nad miastami lot pterodaktyli
Ogłaszał prawo dla myślącej pleśni.

Związali drutem człowiekowi ręce
I wyśmianego kładli w płytkie groby,
Żeby nie wzywał prawdy w testamencie
I już na zawsze był anonimowy.

Imperium planetarne było blisko.
Władza nad mową została im dana.
I nie ostygło jeszcze popielisko,
Kiedy stał znowu Rzym Dioklecjana.

No sign of divine care shone in the heavens.
The century wanted homage from the dead.

They traced their origin to the dinosaur
And took their deftness from the lemur's paw.
Above the cities of the thinking lichen,
Flights of pterodactyls proclaimed the law.

They tied the hands of man with barbed wire.
And dug shallow graves at the edge of the wood.
There would be no truth in his last testament.
They wanted him anonymous for good.

The planetary empire was at hand.
They said what was speech and what was listening.
The ash had hardly cooled after the great fire
When Diocletian's Rome again stood glistening.

III

Pieśń

Ona   *Gabrieli Kunat*

Ziemia odpływa od brzegu, na którym stoję,
i coraz dalej świecą jej trawy i drzewa.
Pączki kasztanów, światła lekkiej brzozy,
już nie zobaczę was.
Z ludźmi umęczonymi oddalacie się,
ze słońcem kołysanym jak flaga biegniecie w stronę nocy,
boję się zostać sama, prócz mego ciała nic nie mam
— ono błyszczy w ciemności, gwiazda ze skrzyżowanymi
    rękami,
aż straszno mi patrzeć na siebie. Ziemio,
nie opuszczaj mnie.

Chór

Z rzek dawno spłynęły lody, bujne wyrosły liście,
pługi przeszły po polach, borkują w lasach gołębie,
górami sarna przebiega, pieśni weselne krzyczy,
kwiaty wysokie kwitną, parują ciepłe ogrody.
Dzieci rzucają piłką, tańczą na łąkach po troje,
kobiety bieliznę piorą w strumieniach i łowią księżyce.
Radość wszelka jest z ziemi, nie masz prócz ziemi wesela,
człowiek jest dany ziemi, niech ziemi tylko pożąda.

The Song

She   *to Gabriela Kunat*

Earth flows away from the shore   reversal
where I am standing.
Her trees and grasses, growing smaller, shine.
Buds of the horse chestnut, glimmer of white birch,
I won't see you anymore.
With the people whom distress wears out, you move away,
with the sun swaying like a flag, you run to the edge
    of night.
I am afraid to stay alone here, I have nothing but my body
—it glistens in the dark, a star with crossed hands,
so that I am terrified now to look at myself. Earth,
do not abandon me.

Chorus

Ice buckled, rushing downstream, and the leaves grew,
plows broke open the fields, and wild pigeons play now in
    the forest,
a roe-deer runs across mountains, she cries her nuptial
    songs,
long-stemmed flowers are blooming, and steam comes up in
    the gardens.
Children throw balls, they dance on the meadow in
    threesomes,
and women wash linen at streamside, fishing for the moon.
All joy comes from the earth, there is no delight without
    her,
Man is given to the earth only, let him desire no other.

Ona

Nie chcę ciebie, nie skusisz mnie. Płyń dalej, siostro
    pogodna,
czuję twój dotyk jeszcze, twój dotyk szyję mnie pali.
Noce miłosne z tobą gorzkie jak popiół chmur,
a świt nadchodził po nich w czerwieni, nad jeziorami
niosły się pierwsze rybitwy i smutek taki, że płakać
nie mogłam już, tylko leżąc
liczyć godziny ranka, słuchać zimnego szumu
wysokich martwych topoli. Ty, Boże, miłościw mnie bądź.
Od ust ziemi chciwych odłącz mnie.
Od pieśni jej nieprawdziwych oczyść mnie.

Chór

Kręcą się kołowroty, ryby trzepocą się w sieciach,
pachną pieczone chleby, toczą się jabłka po stołach,
wieczory schodzą po schodach, a schody z żywego ciała,
wszystko jest z ziemi poczęte, ona jest doskonała.
Chylą się ciężkie okręty, jadą miedziani bratowie,
kołyszą karkami zwierzęta, motyle spadają do mórz,
kosze wędrują o zmierzchu i zorza mieszka w jabłoni,
wszystko jest z ziemi poczęte, wszystko powróci do niej.

Ona

O, gdyby we mnie było choć jedno ziarno bez rdzy,
choć jedno ziarno, które by przetrwało,
mogłabym spać w kołysce nachylanej
na przemian w mrok, na przemian w świt.

She

I don't want you, won't be tempted.
Keep flowing, my peaceful sister.
Your touch burns my neck. I still feel it.
Nights of love bitter as ash from the clouds
and the dawn after them coming up red on the lakes.
The terns flew first, and such sorrow
that I could not cry anymore, I counted the hours
of the morning and listened to the rustle
of the high, dead poplars. You, Lord, have mercy on me.
From earth's caresses, from her sweet greedy mouth,
     set me free.
Cleanse me of her untrue songs.

Chorus

very earthy imagery

The capstans are turning, fish shiver in the nets,
apples roll across tables, and the smell of baked bread rises,
down the steps goes the evening, and the steps are live
     flesh—
everything comes from the earth, she is perfect.
Heavy ships yaw, coppery brothers go sailing,
animals crane their necks, butterflies fall to the sea
and baskets wander at twilight. Dawn lives in an apple tree.
Everything comes from the earth and returns to her.

She

Oh, if there were one seed without rust inside me,
one grain that could outlast it,
then I could sleep in the cradle,
swaying into dusk, swaying into dawn.

[*93*]

Spokojnie czekałabym, aż zgaśnie ruch powolny,
a rzeczywiste nagle się obnaży
i tarczą nowej, nieznajomej twarzy
spojrzy kwiat polny, kamień polny.
Wtedy już oni, żyjący kłamliwie
jak wodorosty na dnie wód zatoki,
byliby tym, czym leśne igliwie
dla kogoś, kto w las patrzy z góry, przez obłoki.
Ale nic nie ma we mnie prócz przestrachu,
nic oprócz biegu ciemnych fal.
Ja jestem wiatr, co niknąc w ciemnych wodach dmie,
wiatrem jestem idącym a nie wracającym się,
pyłkiem dmuchawca na czarnych łąkach świata.

Ostatnie głosy

W kuźni nad wodą młotek uderza,
schylony człowiek naprawia kosę
i świeci głowa w płomieniu ogniska.

Pierwsze łuczywo zapala się w izbie,
na stół głowę kładą parobcy zmęczeni.
Już misa dymi, a świerszcze śpiewają.

Wyspy są zwierzętami śpiącymi,
w gnieździe jeziora układają się mrucząc,
a nad nimi obłok wąziutki.

Wilno, 1934

I would wait peacefully, until that slow movement
    dies away
and the real is naked suddenly,
a wildflower, a stone in the pasture staring up
with the shield of an unknown new face.
Then they, who live in the lies,
like weeds tugged all ways by the bay's wash,
would only be what pine needles are
to someone who looks at the forest from above, through
    the clouds.
But there is nothing in me but fear,
nothing but the running of dark waves.
I am the wind that blows in dark waters, disappearing,
I am the wind going out and not coming back,
milkweed pollen on the black meadows of the world.

The last voices

At the forge on the lakeshore, hammerblows.
A man, bent over, fixes a scythe
and his head gleams in the flame of the furnace.

Someone lights a pine chip soaked in resin.
Tired plowboys lay their heads on the table.
A bowl is already steaming, and the crickets sing.

Islands are sleeping animals.
In the nest of the lake, they lay down, purring;
above them, a narrow cloud.

Wilno, 1934

Powolna rzeka

Tak pięknej wiosny jak ta, już od dawna
nie było; trawa, tuż przed sianokosem
bujna i rosy pełna. W nocy granie
słychać z brzegu moczarów, różowa ławica
leży na wschodzie aż do godzin rana.
O takiej porze każdy głos nam będzie
krzykiem triumfu. Chwała, ból i chwała
trawie i chmurom, zielonej dębinie,
rozdarte wrota ziemi, odkryty klucz ziemi,
gwiazda już wita dzień. Więc czemu twoje
oczy zamknęły w sobie blask nieczysty
jak oczy stworzeń, które nie zaznały
zła i za zbrodnią tylko tęsknią? Czemu
przez powieki zmrużone prześwieca gorąca
toń nienawiści? Tobie panowanie,
tobie obłoki w złoconych pierścionkach
grają, na drogach sława szepczą klony,
od każdej żywej istoty przebiega
do twoich dłoni niewidzialna uzda —
targniesz — i wszystko zakręca w półkole
pod baldachimem nazywanym cirrus.
A prace jakie są? O, ciebie czeka
jodłowa góra, na niej tylko zarys
wielkich budowli, dolina, gdzie zboże
wzrosnąć powinno, stół i biała karta,
na której może poemat powstanie,
radość i trud. A droga umyka
spod nóg tak szybko, ślad biały się smuży,
że ledwo wzrok wypowie powitanie,
już słabnie uścisk rąk, westchnienie, już po burzy.

Slow River

There has not been for a long time a spring
as beautiful as this one; the grass, just before mowing,
is thick and wet with dew. At night bird cries
come up from the edge of the marsh, a crimson shoal
lies in the east till the morning hours.
In such a season, every voice becomes for us
a shout of triumph. Glory, pain and glory
to the grass, to the clouds, to the green oak wood.
The gates of the earth torn open, the key
to the earth revealed. A star is greeting the day.
Then why do your eyes hold an impure gleam
like the eyes of those who have not tasted
evil and long only for crime? Why does this heat
and depth of hatred radiate
from your narrowed eyes? To you the rule,
for you clouds in golden rings
play a music, maples by the road exalt you.
The invisible rein on every living thing
leads to your hand—pull, and they all
turn a half-circle under the canopy
called cirrus. And your tasks? A wooded mountain
awaits you, the place for cities in the air,
a valley where wheat should grow, a table, a white page
on which, maybe, a long poem could be started,
joy and toil. And the road bolts like an animal,
it falls away so fast, leaving a trail of white dust,
that there is scarcely a sight to prepare a nod for,
the hand's grip already weakened, a sigh, and the storm
　　　is over.

[*97*]

I niosą wtedy polem okrutnika,
siwy kołyszą włos, w alei u wybrzeży
składają, gdzie chorągwie zwija wiatr zatoki,
kędy po żwirach biegną szkolnych gromad kroki
z pieśnią wesołą.

—,,Aby w świątecznych ogrodach rżąc na murawach pili,
aby nie wiedząc, kiedy strudzeni, kiedy szczęśliwi,
chleb brali z rąk ciężarnych swoich żon.
Przed żadnym znakiem głowy nie ugięli
bracia moi, rozkoszy spragnieni, weseli,
ze świata mając spichrz, radości dom.''

—,,Ach, ciemna tłuszcza na zielonej runi,
a krematoria niby białe skały
i dym wychodzi z gniazd nieżywych os.
Bełkot mandolin ślad wielkości tłumi,
na gruzach jadła, nad mech spopielały
nowego żniwa wschód, kurzawa kos.''

Tak pięknej wiosny, jak ta, już od dawna
nie miał podróżny świata. Krwią cykuty
wód przestrzeń mu się wydała rozległa,
a flota żagli, która w mroku biegła,
ostatnim drgnieniem jakiejś czystej nuty.
Widział na piaskach rzucone postacie
pod światłem planet lecących ze stropu,
a kiedy milkła fala, cicho było,
z piany szedł zapach jodu? heliotropu?
Na wydmach Maria, śpiewali, Maryja,
rękę zbroczoną składając na siodło,

And then they carry the malefactor through the fields,
rocking his gray head, and above the seashore
on a tree-lined avenue, they put him down
where the wind from the bay furls banners
and schoolchildren run on the gravel paths,
singing their songs.

—"So that neighing in the garden, drinking on the green,
so that, not knowing whether they are happy or just weary,
they take bread from the hands of their pregnant wives.
They bow their heads to nothing in their lives.
My brothers, avid for pleasure, smiling, beery,
have the world for a granary, a house of joy."

—"Ah, dark rabble at their vernal feasts
and crematoria rising like white cliffs
(and smoke seeping from the dead wasps' nests.)
In (a stammer of mandolins, (a dust-cloud of scythes,)
on heaps of food and mosses stomped ash-gray,
the new sun rises on another day."

For a long time there has not been a spring
as beautiful as this one to the voyager.
The expanse of water seems to him dense
as the blood of hemlock. And a fleet of sails
speeding in the dark, like the last
vibration of a pure note. He saw
human figures scattered on the sands
under the light of planets, falling from the vault
of heaven, and when a wave grew silent, it was silent,
the foam smelled of iodine? heliotrope?
They sang on the dunes, Maria, Maria,
putting a spattered hand on the saddle

[*99*]

nie wiedział, czy to jest to nowe godło,
które ma zbawiać, chociaż dziś zabija.
Po trzykroć winno się obrócić koło
ludzkich zaślepień, zanim ja bez lęku
spojrzę na władzę, śpiącą w moim ręku,
na wiosnę, niebo i morza, i ziemie.
Po trzykroć muszą zwyciężyć kłamliwi,
zanim się prawda wielka nie ożywi,
i staną w blasku jakiejś jednej chwili
wiosna i niebo, i morza, i ziemie..

Wilno, 1936

and he didn't know if this was the new sign
that promises salvation, but kills first.
Three times must the wheel of blindness
turn, before I look without fear at the power
sleeping in my own hand, and recognize spring,
the sky, the seas, and the dark, massed land.
Three times will the liars have conquered
before the great truth appears alive
and in the splendor of one moment
stand spring and the sky, the seas, the lands.

Wilno, 1936

Książka z ruin

Gmach ciemny, a u wejścia deski skrzyżowane
Bronią wstępu i starczyć muszą ci za bramę,
Jeżeli wchodzisz. Przedsionek podobny
Jaskini, bo jej ściany powinien wilgotny
Bluszcz oplatać—tu druty są bluszczem. Tuż dalej
Z poszycia cegieł rudych, skręconych metali
Kolumny jak odarte pnie, po których ścieka
Światło latarki. Nie wiesz jeszcze: biblioteka
Czy las uschniętych osin, trędowaty, chory,
Gdzie na ptaki czatując, litewskie wieczory
Witałeś, w wielkiej pustce, w której jastrząb kwili.
Tu już stąpaj ostrożnie. Gdy głowę odchylisz
Ku górze, przęsła wgięte pod ciężarem gromu
Widzisz i nad płatami wiszących załomów
Skrawek błękitu. Potrącasz stronice
Ksiąg jak pióra paproci, co kryją zmurszały
Szkielet, a czasem pyłem przysypane białym
Paleontologiczne muszel tajemnice.
Tak dawne i nieznane życie szczątków woła,
Że przysuwając palce do światła, bez słowa,
Uczony długo waży rzecz i nie odkrywa,
Czy to martwej epoki cień, czy forma żywa.
Znaki spłukane rdzą deszczowych łez, spirale
Ogląda. Tak i z księgi, spomiędzy rozwalin
Podniesionej, daleka, senna dawność błyska,
Stworów zapadłych w przepaść młodość dionizyjska.
Czoła kobiet, kolczyki wpinane drżącymi
Palcami i kandelabr w lustrze, i zapięta

A Book in the Ruins

A dark building. Crossed boards, nailed up, create
A barrier at the entrance, or a gate
When you go in. Here, in the gutted foyer,
The ivy snaking down the walls is wire
Dangling. And over there the twisted metal
Columns rising from the undergrowth of rubble
Are tattered tree trunks. This could be the brick
Of the library, you don't know yet, or the sick
Grove of dry white aspen where, stalking birds,
You met a Lithuanian dusk stirred
From its silence only by the wails of hawks.
Now walk carefully. You see whole blocks
Of ceiling caved in by a recent blast.
And above, through jagged tiers of plaster,
A patch of blue. Pages of books lying
Scattered at your feet are like fern-leaves hiding
A moldy skeleton, or else fossils
Whitened by the secrets of Jurassic shells.
A remnant life so ancient and unknown
Compels a scientist, tilting a stone
Into the light, to wonder. He can't know
Whether it is some dead epoch's shadow
Or a living form. He looks again
At chalk spirals eroded by the rain,
The rust of tears. Thus, in a book picked up
From the ruins, you see a world erupt
And glitter with its distant sleepy past,
Green times of creatures tumbled to the vast
Abyss and backward: the brows of women,
An earring fixed with trembling hand, pearl button

Rękawiczka mężczyzny. Już po instrumentach
Przebiega pierwszy dreszcz, goreją lampiony,
Kadryl wije się, szumem wielkich przytłumiony
Drzew parku. Ona biegnie, szal w ciemności płynie,
Spotyka się z nim w głucho zarosłej altanie
Na skraju zbóż. I kiedy zbliżają się skronie,
Oboje widzą lampy odbite w jaśminie.
Albo tutaj, ta strofa, że gęsiego pióra
Jeszcze błądzi skrzypienie i lampki oliwnej
Lata motyl po zwojach i inkunabułach,
Po krucyfiksie, z brązu popiersiach, a rytmy
Skarżą się na daremność wszelkiego pragnienia.
Tu znów miasto powstaje. W rynkowych podcieniach
Brzęczą szyldy, dyliżans wpada płosząc chmarę
Gołębi i w tawernie pod miejskim zegarem
Jest ręka zatrzymana nad winem. Gdy z tkalni
Wracają robotnicy i ludzie zwyczajni
Przysiadają na schodkach, to ta ręka wtórzy
Gwałtownej, nienawistnej mowie i jest burzy
Oddech w tym i proroctwo jakiejś zemsty dziejów.
Tak świat rośnie nad dymy, które z kart tych wieją,
Jak pole o świtaniu. Tylko gdy się splotą
Dwie epoki, dwie formy, zmąca się czytelność
I widać, że nie bywa nigdy nieśmiertelność
Samotna, lecz z dniem naszym złączona — i po to.
Wyjmujesz wtedy mały odłamek granatu,
Co przebił ciało pieśni o Dafnis i Chloe,
I taką masz w uśmiechu żałosnym rozmowę,

On a glove, candelabra in the mirror.
The lanterns have been lit. A first shiver
Passes over the instruments. The quadrille
Begins to curl, subdued by the rustle
Of big trees swaying in the formal park.
She slips outside, her shawl floating in the dark,
And meets him in a bower overgrown
With vines. They sit close on a bench of stone
And watch the lanterns glowing in the jasmine.
Or here, this stanza: you hear a goose pen
Creak, the butterfly of an oil lamp
Flutters slowly over scrolls and parchment,
A crucifix, bronze busts. The lines complain,
In plangent rhythms, that desire is vain.
Here a city rises. In the market square
Signboards clang, a stagecoach rumbles in to scare
A flock of pigeons up. Under the town clock,
In the tavern, a hand pauses in the stock
Gesture of arrest — meanwhile workers walk
Home from the textile mill, townsfolk talk
On the steps — and the hand moves now to evoke
The fire of justice, a world gone up in smoke,
The voice quavering with the revenge of ages.
So the world seems to drift from these pages
Like the mist clearing on a field at dawn.
Only when two times, two forms are drawn
Together and their legibility
Disturbed, do you see that immortality
Is not very different from the present
And is for its sake. You pick a fragment
Of grenade which pierced the body of a song
On Daphnis and Chloe. And you long,
Ruefully, to have a talk with her,

Jakbyś długo i długo żył, czekając na to.
—Więc tak to jest, że twoja, o Chloe, tunika
Rozdarła się o wicher, który przecie rani
Tylko ludzi? Ty w wiecznym przymierzu z czasami
Śpiewasz, a włos twój w słońcu to błyska, to znika,
Więc tak to jest, że drobne piersi twoje, Chloe,
Przebił pocisk i gaje spłonęły dębowe,
A ty, nie dbając, lasem betonów i maszyn
Biegniesz i czarem wabisz, i echami straszysz?
Jeżeli taka wieczność jest, choćby nietrwała,
To może dosyć jest. Bo skądże by... Ciszej!
To tylko żyć wypadło, kiedy dogasała
Scena i greckich ruin kontur czerniał wyżej...
Południe. W ciemnym gmachu błądząc, robotnicy
Siadali przy ognisku, które promień wąski
Zapalał na posadzce. Wlekli ciężkie książki
Stół z nich stawiąc i kładli chleb. A na ulicy
Czołg zaklekotał, tramwaj zadzwonił. Tak proste.

Warszawa, 1941

As if it were what life prepared you for.
—How is it, Chloe, that your pretty skirt
Is torn so badly by the winds that hurt
Real people, you who, in eternity, sing
The hours, sun in your hair appearing
And disappearing? How is it that your breasts
Are pierced by shrapnel, and the oak groves burn,
While you, charmed, not caring at all, turn
To run through forests of machinery and concrete
And haunt us with the echoes of your feet?
If there is such an eternity, lush
Though short-lived, that's enough. But how . . . hush!
We were predestined to live when the scene
Grows dim and the outline of a Greek ruin
Blackens the sky. It is noon, and wandering
Through a dark building, you see workers sitting
Down to a fire a narrow ray of sunlight
Kindles on the floor. They have dragged out
Heavy books and made a table of them
And begun to cut their bread. In good time
A tank will clatter past, a streetcar chime.

Warsaw, 1941

Pieśni Adriana Zielińskiego

[1]

Piąta wiosna wojny się zaczyna,
Opłakuje kochanka dziewczyna,
Już w Warszawie na ulicach stopniał śnieg.

Myślałem, że moja młodość będzie trwała wiecznie,
Że zawsze będę ten sam.
A został tylko strach w godzinie świtu
I schylam się nad sobą jak nad pustą płytą,
Próżno szukając czegoś, co już znam.

Na placyku brzęczy karuzela,
Ktoś do kogoś na ulicy strzela.
Wiatr zawiewa od piaszczystych mętnych rzek.

Ale cóż mnie to wszystko obchodzi.
Jestem jak dziecko, które nie umie odróżnić żółtego
    mlecza od gwiazdy.
Nauczyłem się nie tej, której czekałem, mądrości.
Cóż stulecia, cóż historia. Ja dzień każdy
Rzeźbić muszę, bo to dla mnie wiek.

Panie Boże, zrzuć mi małe piórko twej litości.

[2]

Kiedy idę na pola, pod las karłowaty
Na suche wrzosowiska,
I widzę, jak zwinięte pierwsze wiosny kwiaty

Songs of Adrian Zieliński   *persona poem*

[1]

The fifth spring of war is beginning.
A young girl is weeping for her lover.
Snow is melting in the Warsaw streets.

I thought my youth would last forever,
That I would always be the same.
And what remains? Fear in the early hours,
I peer at myself as at a plaque of blank, gray stone,
Looking for something I have known.

A carousel drones in the little square.
Somebody is shooting at somebody out there.
A light squall blows from the torpid river.

But what is all that to me?
I am like a child unable to tell a yellow dandelion
From a star. This isn't the wisdom
That I bargained for. What are centuries,
What is history? I hack out each day
And it's a century to me.

O Lord, throw me a tiny plume of your pity.

[2]

When I go to the fields, to the stunted forest,
To any stretch of wasted land
And observe how the first spring flowers

Dłoń podziemna w górę wyciska,
Chciałbym wydrążyć tunel aż do środka ziemi,
Żeby zobaczyć Piekło.
Chciałbym przebić jezioro słonecznych promieni,
Żeby zobaczyć Niebo.

I tylko serce ziemi ciężkie od płynnego złota,
I tylko pustkę wirujących sfer
Znalazłbym. Nie ma przepaści.
Bez początku ni końca pleni się przyroda.
I nic prócz tego, że życie, że śmierć.
Skończone. Milczą przepaści.

Żeby choć najuboższy z diabłów, sługa sług,
Pokazał rogi spod liścia pierwiosnka.
Żeby choć anioł, który w niebie rąbie drwa,
Bijąc małym skrzydełkiem na obłokach został!

Zrozumcie, proszę, jak ciężko samemu
Nowe Niebo i Piekło wynaleźć na ziemi.

[3]

Najpierw są wielcy: ludzie i drzewa,
Potem są mniejsi: ludzie i drzewa,
Aż cała ziemia, pola i domy,
Ludzie, rośliny, ptaki, zwierzęta
Stają się małe jak liść majowy,
Jak bryłka gliny w ręku ściśnięta.

Siebie samego nawet nie widać
Ni własnej krętej po świecie drogi,
Nawet umarłych nie poznajdywać—

Are pushed up by a subterranean hand,
I want to bore a tunnel to the center of the earth
So that I can see Hell.
I want to pierce, for what it's worth,
That blue lake of the sun's rays
And have a look at Heaven.

And the heart of the earth, heavy with liquid gold,
And the cold void of whirling spheres
Would be all I'd find. There are no abysses.
Without end or beginning, Nature breeds
Nothing, except this: there is life, there is death,
It's over. There are no abysses.

If only the poorest of devils, Hell's bellhop,
Showed his horns from under the primrose leaf,
If only the angel in Heaven who chops wood
By beating his little wings waved down from a cloud.

Please, understand how hard it is when man alone
Must invent a new Heaven and Hell on earth.

[3]

First, people and trees: very big.   *diminution*
Then, people and trees: not so big.
Until the whole earth, fields and houses,
People, plants, animals, birds,
Have shrunk to the size of a may leaf,
Like wet clay squeezed in the hand.

You cannot even see yourself
Or your crooked path through the world.
Even the dead cannot be found.

[*111*]

Leżą jak czarne mrówki skurczone
Pod bursztynowym, szklanym zagonem
I żadne oko ich nie ułowi.

Wszystko tak małe, że pies prawdziwy
Albo prawdziwy krzak polnej róży
Byłyby wielkie jak piramidy,
Jak bramy miasta dla chłopca z boru.

Ale nie znajdę prawdziwej róży
Ani prawdziwej ćmy, ni kamienia.
I zawsze tylko mała, mała ziemia.

[4]

Są gdzieś miasta szczęśliwe,
Są, nie na pewno.
Gdzie między giełdą i morzem
W pyle morskiej piany
Czerwiec mokre warzywa wysypuje z koszy
I na taras kawiarni słońcem opryskany
Lód wnoszą, a kobietom kwiat pada na włosy.

Barwy dzienników nowych co godzina
I spór o dobro rzeczypospolitej.
Skórką pomarańcz pachną gwarne kina
I długo w nocy bzyka mandolina,
Ptak rosę pieśni strąca z piór przed świtem.

Są gdzieś miasta szczęśliwe,
Ale po co mi one.

They lie like cramped, black ants
In the sandy, amber-colored ground,
And no eye can pick them out.

shifts in scale of perception

Everything is so small that a real dog
Or a real bush of wild roses
Would be as immense as the pyramids,
The city gates to a boy just come
From a distant backwoods village.

I will not find a real rose,
real moth, real stone, mica-rifted, shiny.
For me, always, there will be this earth: tiny.

[4]

Somewhere there are happy cities.
Somewhere there are, but not for certain.
Where, between the market and the sea,
In a spray of sea mist,
June pours wet vegetables from baskets
And ice is carried to a cafe terrace
Sprinkled with sunlight, and flowers
Drop onto women's hair.

The ink of newspapers new every hour,
Disputes about what is good for the republic.
The teeming cinemas smell of orange peels
And a mandolin hums long into the night.
A bird flicking the dew of song before sunrise.

Somewhere there are happy cities,
But they are of no use to me.

[*113*]

Patrzę w głąb życia i śmierci jak na dno pustego kielicha.
Czy błyszczące budowle, czy gruzy czerwone,
Pozwólcie mi odejść w spokoju,
Słyszę szept nocy, która we mnie oddycha.

Wloką faceta za głupie nogi,
Łydki w jedwabnych skarpetkach,
Łeb z tyłu wlecze się nisko.
I zostaje plama na piasku, której przez miesiąc nie
    wypłuczą deszcze.
Dzieci z rozpylaczami
Biegną spojrzeć na widowisko.

Patrzeć na to, czy wchodzić w migdałowy sad
Albo z gitarą stać pod rzeźbioną bramą—
Pozwólcie mi odejść w spokoju.
To może nie to samo, choć pewnie to samo.

[5]

Tyłek dziewczyny, która przechodzi,
Okrągły tyłek rzeźbiony w blasku,
To jest planeta biednych astronomów,
Kiedy z butelką siedzą na piasku.

A kiedy w obszar nieba granatowy
Spojrzą, to wielka ogarnia ich trwoga
I znowu nisko opuszczają głowy,
Bo za wysoka dla nich ta budowa.

Widzą, jak tyłek chwiejąc się oddala:
Jasna planeta Wenus w teleskopie.
A zieleń wiosny mruży się jak fala,
Nad którą Wenus błyszczy po potopie.

I look into life and death as into an empty winecup.
Glittering buildings or the route of ruins.
Let me go away in peace.
There is a whisper of night that breathes in me.

They are dragging a guy by his stupid legs,
The calves in silk socks,
The head trailing behind.
And a stain in the sand a month of rain won't wash away.
Children with toy automatic pistols
Take a look, resume their play.

To see this or to enter an almond orchard
Or to stand with guitar at a sculpted gate.
Let me go away in peace.
This is not the same; possibly, it is the same.

[5]

rhyme

The round ass of a girl passing by
Is a planet carved by sunlight's hand
For poor astronomers who watch the sky
As they sit with their bottle on the sand.

When they glimpse how the deep blue spreads
Across the sky, they are terrified.
Under that vastness, they hang their heads,
To them, the whole thing feels too wide.

They see the ass as it sways away:
Venus in their telescopes, warm as blood.
And spring's green shimmers like waves that play
Under bright Venus after the flood.

[*115*]

Słyszę szept nocy, która we mnie oddycha,
Małe głosy jak koty od środka mnie chłepczą
I zrywa się wewnętrzny przytłumiony wicher
Pieśnią pochlebczą:

Jakże ty mądry jesteś, Adrianie,
Że tobie jak staremu chińskiemu poecie
Wszystko jedno, co jest, jakie tysiąclecie.
Patrzysz na kwiat i uśmiechasz się.

Jakże ty mądry jesteś, że ciebie nie łudzi
Szaleństwo dziejów ni namiętność ludzi.
Idziesz pogodny, blask wiecznych ogni
Łagodzi twarz.

Pokój domowi mędrca,
Pokój rozważnym dniom.
———————————————

O czarna zdrado, czarna zdrado—
Grom.

Warszawa, 1943-44

[6]

There is a whisper of night that breathes in me,
Little voices like cats lapping at my days,
And my internal subjugated storms
Erupt in a song of gratitude and praise.

What a wise man you are, Adrian.
You could be a Chinese poet,
Wang Wei, or else P'o Ch'ui.
You needn't care what century you're in.
You look at a flower
And smile at what you see.

How wise you are, how undeluded
By folly of history or passions of the race.
You walk serenely, the light, occluded,
Eternal, softening your face.

Peace to the house of the sage.
Peace to his prudent wonder.
— — — — — — — — — —
O black treason, black treason—
Thunder.

Warsaw, 1943–1944

Campo dei Fiori

W Rzymie na Campo dei Fiori
Kosze oliwek i cytryn,
Bruk opryskany winem
I odłamkami kwiatów.
Różowe owoce morza
Sypią na stoły przekupnie,
Naręcza ciemnych winogron
Padają na puch brzoskwini.

Tu na tym właśnie placu
Spalono Giordana Bruna,
Kat płomień stosu zażegnął
W kole ciekawej gawiedzi.
A ledwo płomień przygasnął,
Znów pełne były tawerny,
Kosze oliwek i cytryn
Nieśli przekupnie na głowach.

Wspomniałem Campo dei Fiori
W Warszawie przy karuzeli,
W pogodny wieczór wiosenny,
Przy dźwiękach skocznej muzyki.
Salwy za murem getta
Głuszyła skoczna melodia
I wzlatywały pary
Wysoko w pogodne niebo.

Czasem wiatr z domów płonących
Przynosił czarne latawce,
Łapali płatki w powietrzu

Campo dei Fiori

In Rome on the Campo dei Fiori
baskets of olives and lemons,
cobbles spattered with wine
and the wreckage of flowers.
Vendors cover the trestles
with rose-pink fish;
armfuls of dark grapes
heaped on peach-down.

On this same square
they burned Giordano Bruno.   *(as a heretic)*
Henchmen kindled the pyre
close-pressed by the mob.
Before the flames had died
the taverns were full again,
baskets of olives and lemons
again on the vendors' shoulders.

I thought of the Campo dei Fiori
in Warsaw by the carousel
one clear spring evening
to the strains of a carnival tune.
The bright melody drowned
the salvos from the ghetto wall,
and couples were flying
high in the cloudless sky.

At times wind from the burning
would drift dark kites along
and riders on the carousel

Jadący na karuzeli.
Rozwiewał suknie dziewczynom
Ten wiatr od domów płonących,
Śmiały się tłumy wesołe
W czas pięknej warszawskiej niedzieli.

Morał ktoś może wyczyta,
Że lud warszawski czy rzymski
Handluje, bawi się, kocha
Mijając męczeńskie stosy.
Inny ktoś morał wyczyta
O rzeczy ludzkich mijaniu,
O zapomnieniu, co rośnie,
Nim jeszcze płomień przygasnął.

Ja jednak wtedy myślałem
O samotności ginących.
O tym, że kiedy Giordano
Wstępował na rusztowanie,
Nie znalazł w ludzkim języku
Ani jednego wyrazu,
Aby nim ludzkość pożegnać,
Tę ludzkość, która zostaje.

Już biegli wychylać wino,
Sprzedawać białe rozgwiazdy,
Kosze oliwek i cytryn
Nieśli w wesołym gwarze.
I był już od nich odległy,
Jakby minęły wieki,
A oni chwilę czekali
Na jego odlot w pożarze.

caught petals in mid-air.
That same hot wind
blew open the skirts of the girls
and the crowds were laughing
on that beautiful Warsaw Sunday.

Someone will read as moral
that the people of Rome or Warsaw
haggle, laugh, make love
as they pass by martyrs' pyres.
Someone else will read
of the passing of things human,
of the oblivion
born before the flames have died.

But that day I thought only
of the loneliness of the dying,
of how, when Giordano
climbed to his burning
he could not find
in any human tongue
words for mankind,
mankind who live on.

Already they were back at their wine
or peddled their white starfish,
baskets of olives and lemons
they had shouldered to the fair,
and he already distanced
as if centuries had passed
while they paused just a moment
for his flying in the fire.

I ci, ginący, samotni,
Już zapomniani od świata,
Język ich stał się nam obcy
Jak język dawnej planety.
Aż wszystko będzie legendą
I wtedy po wielu latach
Na nowym Campo dei Fiori
Bunt wznieci słowo poety.

Warszawa, 1943

Those dying here, the lonely
forgotten by the world,
their tongue becomes for us
the language of an ancient planet.
Until, when all is legend,
and many years have passed
on a new Campo dei Fiori
rage will kindle at a poet's word.

Warsaw, 1943
(translated by David Brooks and Louis Iribarne)

Pożegnanie

Mówię do ciebie po latach milczenia,
Mój synu. Nie ma Werony.
Roztarłem pył ceglany w palcach. Oto co zostaje
Z wielkiej miłości do rodzinnych miast.

Słyszę twój śmiech w ogrodzie. I wiosny szalonej
Zapach po mokrych listkach przybliża się do mnie,
Do mnie, który nie wierząc w żadną zbawczą moc
Przeżyłem innych i samego siebie.

Żebyś ty wiedział, jak to jest, gdy nocą
Budzi się nagle ktoś i zapytuje
Słysząc bijące serce: Czego ty chcesz jeszcze,
Nienasycone? Wiosna, słowik śpiewa.

Śmiech dziecinny w ogrodzie. Pierwsza gwiazda czysta
Otwiera się nad pianą nierozkwitłych wzgórz
I znów na usta moje wraca lekki śpiew,
I młody znowu jestem jak dawniej, w Weronie.

Odrzucić. Odrzucić wszystko. To nie to.
Nie będę wskrzeszać ani wracać wstecz.
Śpijcie, Romeo i Julio, na wezgłowiu z potrzaskanych piór,
Nie podniosę z popiołu waszych rąk złączonych.
Opustoszałe katedry niech nawiedza kot
Świecąc źrenicą na ołtarzach. Sowa
Na martwym ostrołuku niech uściele gniazdo.

W skwarne, białe południe wśród rumowisk wąż
Niech grzeje się na liściach podbiału i w ciszy.

Farewell

I speak to you, my son,
after years of silence. Verona is no more.
I crumbled its brickdust in my fingers. That is what remains
of the great love of native cities.

I hear your laughter in the garden. And the mad spring's
scent comes toward me across the wet leaves.
Toward me, who, not believing in any saving power,
outlived the others and myself as well.

Do you know how it is when one wakes
at night suddenly and asks,
listening to the pounding heart: what more do you want,
insatiable? Spring, a nightingale is singing.

Children's laughter in the garden. A first clear star
above a foam of buds on the hills
and a light song returns to my lips
and I am young again, as before, in Verona.

To reject. To reject everything. That is not it.
It will neither resurrect the past nor return me to it.
Sleep, Romeo, Juliet, on your headrest of stone feathers.
I won't raise your bound hands from the ashes.
Let the cat visit the deserted cathedrals,
its pupil flashing on the altars. Let an owl
nest on the dead ogive.

In the white noon among the rubble, let the snake
warm itself on leaves of coltsfoot and in the silence

Lśniącym kręgiem owija niepotrzebne złoto.
Nie wrócę. Ja chcę wiedzieć, co zostaje
Po odrzuceniu wiosny i młodości,
Po odrzuceniu karminowych ust,
Z których w noc parną płynie
Fala gorąca.

Po odrzuceniu pieśni i zapachu wina,
Przysiąg i skarg, i diamentowej nocy,
I krzyku mew, za którym biegnie blask
Czarnego słońca.

Z życia, z jabłka, które przeciął płomienisty nóż,
Jakie ocali się ziarno.

Synu mój, wierzaj mi, nie zostaje nic.
Tylko trud męskiego wieku,
Bruzda losu, na dłoni.
Tylko trud,
Nic więcej.

Kraków, 1945

let him coil in lustrous circles around useless gold.
I won't return. I want to know what's left
after rejecting youth and spring,
after rejecting those red lips
from which heat seemed to flow
on sultry nights.

After songs and the scent of wine,
oaths and laments, diamond nights,
and the cry of gulls with the black sun
glaring behind them.

From life, from the apple cut by the flaming knife,
what grain will be saved?

My son, believe me, nothing remains.
Only adult toil,
the furrow of fate in the palm.
Only toil,
Nothing more.

Kraków, 1945

IV

The World

[WARSAW, 1943]

Świat

(poema naiwne)

Droga

Tam, gdzie zielona ściele się dolina
I droga, trawą zarosła na poły,
Przez gaj dębowy, co kwitnąć zaczyna,
Dzieci wracają do domu ze szkoły.

W piórniku, który na wskos się otwiera,
Chrobocą kredki wśród okruchów bułki
I grosz miedziany, który każde zbiera
Na powitanie wiosennej kukułki.

Berecik siostry i czapeczka brata
Migają między puszystą krzewiną.
Sójka skrzekocząc po gałęziach lata
I długie chmury nad drzewami płyną.

Już dach czerwony widać za zakrętem.
Przed domem ojciec, wsparty na motyce,
Schyla się, trąca listki rozwinięte
I z grządki całą widzi okolicę.

Furtka

Potem ją całą chmiel gęsty owinie,
Ale tymczasem jest tego koloru,
Co liście lilii wodnych na głębinie
Zrywane w świetle letniego wieczoru.

[*130*]

* *The World*
(A <u>Naive</u> Poem)

The Path

Down where the green valley opens wider,
Along the path with grass blurring its border,
Through an oak grove just broken into flower,
Children come walking home from school together.

In a pencil case with a lid that slides open,
Bits of bread roll around with stumps of crayon,
And the penny hidden away by all children
For spring and the first cuckoo in the garden.

The girl's beret and her brother's school-cap
Bob, as they walk, above the fringe of bushes.
A jay screams, hopping in a treetop;
Over the trees, clouds drift in long ridges.

Now, past the curve, you can see the red roof:
Father leans on his hoe in the front garden,
Then bends down to touch a half-opened leaf;
<u>From his tilled patch, he can see the whole region.</u>

The Gate

Later, a thick growth of hopbine will cover it over.
But for a time now it has the weathered color
Of dark lily pads pulled from the deepest water
In the deep evening light of summer.

Sztachety z wierzchu malowane biało:
Białe i ostre, zawsze jak płomyki.
Dziwne, że ptakom to nie przeszkadzało,
Raz nawet usiadł na nich gołąb dziki.

Klamka jest z drzewa, gładka tak jak bywa
Drzewo wytarte ujmowaniem ręką.
Pod klamkę lubi skradać się pokrzywa,
A żółty jaśmin jest tu latarenką.

Ganek

Ganek, na zachód drzwiami obrócony,
Ma duże okna. Słońce tutaj grzeje.
Widok szeroki stąd na wszystkie strony,
Na lasy, wody, pola i aleje.

Kiedy już dęby w zieleń się przybiorą,
A lipa cieniem zakryje pół grzędy,
Świat ginie w dali za niebieską korą,
Pocięty liśćmi w cętkowane zęby.

Tutaj brat z siostrą nad małym stolikiem
Klęczą rysując wojny i pogonie.
I pomagają różowym językiem
Wielkim okrętom, z których jeden tonie.

Jadalnia

Pokój, gdzie niskie okna, cień brązowy
I gdański zegar milczy w kącie. Niska
Sofa obita skórą, nad nią głowy
Dwóch uśmiechniętych diabłów wyrzeźbione
I miedzianego rondla brzuch połyska.

At the top, though, the pickets are fresh-painted:
White, pointed little teeth of fire—
It seems strange that they have never frightened
The birds: once, a wild pigeon even perched there.

Many hands, touching the bare wooden handle,
Have smoothed its texture to a homely satin.
Sneaking up under the grip are spikes of nettle,
And yellow jasmine dangles its little lantern.

The Porch

The porch, its doorway facing westward,
With large windows, is warmed well by the sun.
From here, on all sides, you can look outward
Over woods, water, open fields and the lane.

But when the oaks have covered themselves in green
And the linden's shadow covers half the flower bed,
The world, far off, fades to a blue bark, half seen,
Carved by the leaves into dappled shade.

Here, at a little table, the sister and brother
Kneel drawing scenes of the chase, or of battle.
A pink tongue between lips helps along the careful
Great shapes of warships, one of which goes under.

The Dining Room

Low windows; brown shade; over in one corner
A Danzig clock, silent; the sofa is leather;
Above it, two devils smirking from a sculpture
And the belly of a pan in beaming copper.

[*133*]

Na ścianie obraz. Przedstawiona zima:
Między drzewami ślizga się na lodzie
Gromada ludzi, dym idzie z komina
I wrony lecą w pochmurnej pogodzie.

Tuż drugi zegar. Ptak wewnątrz tam siedzi,
Wybiega skrzypiąc i woła trzy razy.
A ledwo zdąży krzyknąć po raz trzeci,
Dymiącą zupę matka bierze z wazy.

Schody

Żółte, skrzypiące i pachnące pastą
Stopnie są wąskie—kto idzie przy ścianie,
Może bucikiem celować spiczasto,
A przy poręczy noga ledwie stanie.

Łeb dzika żyje, ogromny na cieniu.
Najpierw kły tylko, potem się wydłuża
I ryjem wodzi, węsząc, po sklepieniu,
A światło w drżących rozpływa się kurzach.

Matka w dół płomień migotliwy niesie.
Schodzi wysoka, sznurem przepasana.
Jej cień do cienia dziczej głowy pnie się:
Tak z groźnym zwierzem mocuje się sama.

Obrazki

Otwarta książka. Mól rozchwianym lotem
Leci nad mknącym w kurzawie rydwanem.
Dotknięty, spada prósząc pyłem złotym
Na greckie szyki w mieście zdobywanym.

On the wall, a painting of wintertime:
People skating in groups; between the treetops,
A chimney sending smoke up in a plume;
Crows flying up above the gray horizon.

Nearby, another clock. The little bird hunched inside
Waits, bursts out squeaking, shrieks its little call
Three times; almost before its third, last cry can fade,
Mother dips the ladle to the steaming bowl.

The Stairs

Creaking, with a strong smell of beeswax, yellow,
The stairs are cramped—walking on the wall-side,
You can put your shoe onto the tread crosswise,
But on the banister-side it's nearly too narrow.

The boar's-head is alive, with a huge shadow—
At first, fangs only, but then he enlarges,
Moves his snout, sniffing the vault of the stairway
Where the light fades, and dusty air trembles.

Mother carries a flickering light down the staircase.
As her tall figure comes down, a rope at her robe's waist,
Her shadow creeps up the vault to where the boar's head is:
And so she struggles, alone, with the menacing beast.

Pictures

An open book. A brown moth flutters and swoops
Above the dust-cloud where a chariot hurtles.
Touched, the moth falls as its golden powder settles
Over the ranks of conquering Greek troops.

[*135*]

Toczy się rydwan, o kamienne płyty
Uderza głowa, wloką bohatera,
A mól, do karty klaśnięciem przybity,
Na jego ciele, trzepiąc się, umiera.

Tymczasem niebo chmurzy się, grom bije,
Nawy od skały uciekają w morze.
A obok woły gną pod jarzmem szyje
I nagi rolnik grunt na brzegu orze.

Ojciec w bibliotece

Wysokie czoło, a nad nim zwichrzone
Włosy, na które słońce z okna pada.
I ojciec jasną ma z puchu koronę,
Gdy wielką księgę przed sobą rozkłada.

Szata wzorzysta jak na czarodzieju,
Zaklęcia głosem przyciszonym mruczy.
Jakie są dziwy, co w księdze się dzieją,
Dowie się, kogo Bóg czarów nauczy.

Zaklęcia ojca

,,O słodki mędrcze, jakimże spokojem
Pogodna mądrość twoja serce darzy!
Kocham cię, jestem we władaniu twojem,
Choć nigdy twojej nie zobaczę twarzy.

Popioły twoje dawno się rozwiały,
Grzechów i szaleństw nikt już nie pamięta.
I już na wieki jesteś doskonały
Jak księga, myślą z nicości wyjęta.

The chariot rolls over, and Hector's head
Bumps on the cobbles, dragged behind his horses.
The moth, pinned among the turning pages,
Flutters on the hero's body, then is dead.

Meanwhile, clouds darken; thunder booms alarm;
Ships dash from the jagged cliffs to safer harbor;
Nearby, his oxen grunting at their steady labor,
A naked plowman works a hillside farm.

Father in the Library

A high forehead, and tousled hair;
The sun at the window pouring light—
(Father wears a crest of downy fire)
As he opens, slowly, the great book.

His gown covered with devices
Like a wizard's, he murmurs spells:
Only one whom God has taught magic
Could know the marvels his book reveals.

Father's Incantations

"Peace and wisdom in a book,
Sweet sage! I am in your power.
Touched most deeply by your look,
I will never see your face.

Who remembers how you sinned?
Ashes scattered to the wind.
Like your work, you are complete,
Drawn from nothing by your thought.

[*137*]

Ty znałeś gorycz i znałeś zwątpienie,
Ale win twoich pamięć zaginęła.
I wiem, dlaczego dzisiaj ciebie cenię:
Mali są ludzie, wielkie są ich dzieła.''

Z okna

Za polem, lasem i za drugim polem
Ogromna woda białym lustrem lśni się,
A na niej ziemia złotawym podolem
Nurza się w morzu jak tulipan w misie.

Ojciec powiada, że to Europa.
W dnie jasne całą widać jak na dłoni,
Dymiącą jeszcze po wielu potopach,
Mieszkanie ludzi, psów, kotów i koni.

Miast kolorowych iskrzą się tam wieże,
Jak nitki srebra plotą się strumienie
I gór księżyce, niby gęsie pierze,
To tu, to ówdzie zaściełają ziemię.

Ojciec objaśnia

,,Tam, gdzie ten promień równiny dotyka
I cień ucieka, jakby biegł naprawdę,
Warszawa stoi, ze wszech stron odkryta,
Miasto niestare, ale bardzo sławne.

Dalej, gdzie z chmurki wiszą deszczu struny,
Pod pagórkami z akacjowym gajem,
To Praha. Nad nią zamek widać cudny,
Wsparty na górze starym obyczajem.

[*138*]

Bitterness you knew and doubt.
They have vanished without trace.
These calm pages last them out.
Men are small, their works are great."

From the Window

Beyond the field, a forest and a field,   *enlarges*
Then huge bays flashing a white mirror.
The land, among them, hovers yellow-gold   *diminishes*
Like a tulip floating in a bowl of water.

Father says this is Europe. And on clear days
You see it as if you held it in your palm,
Still steaming from repeated floods. It is,
For people, dogs, horses and cats, a home.

The tall spires of vivid cities shine.
Small streams run together like silver braid.
And here and there, a color like goosedown
Gleams where the moons of mountains spread.

Father Explains

"There, where a long streak of sun touches the plain
And shadows move as if they really did run,
Stands Warsaw, open on all sides to the world:
A famous town, though not so very old.

Farther, where the slant threads of rain fall   *moves out*
Onto those hills covered with acacia trees,
Is Prague, with its castle built on the highest hill,
As the custom of ancient city-builders was.

[*139*]

To, co krainę białą pianą dzieli,
To Alpy. Czarność—to są lasy jodły.
Za nimi, w słońca żółtego kąpieli
Italia leży niby talerz modry.

Z pięknych miast, których wznosi się tam wiele,
Rzym rozpoznacie, chrześcijaństwa stolicę,
Po tych okrągłych dachach na kościele,
Czyli świętego Piotra bazylice.

A tam, na północ, za morską zatoką,
Gdzie mgły niebieskiej chwieje się równina,
Paryż chce wieży towarzyszyć krokom
I stado mostów ponad rzeką wspina.

I inne miasta Paryżowi wtórzą
Szkłem ozdobione, okute żelazem.
Ale na dzisiaj byłoby za dużo.
Resztę opowiem kiedyś innym razem."

Przypowieść o maku

Na ziarnku maku stoi mały dom,
Pieski szczekają na księżyc makowy
I nigdy jeszcze tym makowym psom,
Że jest świat większy, nie przyszło do głowy.

Ziemia to ziarnko—naprawdę nie więcej,
A inne ziarnka—planety i gwiazdy.
A choć ich będzie chyba sto tysięcy,
Domek z ogrodem może stać na każdej.

The white foam that rises to divide the land
We call the Alps, and there where you can see
Only darkness is fir-tree forest. And beyond,
Like a deep blue dish, lies all of Italy.

Among its many beautiful towns, you can tell Rome,
Christendom's capital city, by that sphere-shaped arch,
Repeated along the roofline; it is the dome
Of the basilica, Saint Peter's church.

And there, north, where a plain rises and slopes
Through blue mists, past where the sea's bay reaches,
Paris curves upward like a stone tower's steps,
Above the river where it keeps its flock of bridges.

And along with Paris there are other towns,
Glass-adorned and iron-bound; but to say
More about them would be too much for this once:
The rest I will tell you some other day."

Parable of the Poppyseed

On a seed of poppy is a tiny house.   diminutive   - rhyme
Inside it are people, a cat and a mouse.
Outside in the yard, a dog barks at the moon.
Then, in his one world, he sleeps until noon.

The earth is a seed, and nothing more.
And that seed's a planet, and that seed's a star.
And even if there were a hundred thousand
Each seed would contain a house and a garden.

[*141*]

Wszystko w makówce. Mak rośnie w ogrodzie,
Dzieci biegają i mak się kołysze.
A wieczorami, o księżyca wschodzie
Psy gdzieś szczekają, to głośniej, to ciszej.

Przy piwoniach

Piwonie kwitną, białe i różowe,
A w środku każdej, jak w pachnącym dzbanie,
Gromady żuczków prowadzą rozmowę,
Bo kwiat jest dany żuczkom na mieszkanie.

Matka nad klombem z piwoniami staje,
Sięga po jedną i płatki rozchyla,
I długo patrzy w piwoniowe kraje,
Dla których rokiem bywa jedna chwila.

Potem kwiat puszcza i, co sama myśli,
Głośno i dzieciom, i sobie powtarza.
A wiatr kołysze zielonymi liśćmi
I cętki światła biegają po twarzach.

Wiara

Wiara jest wtedy, kiedy ktoś zobaczy
Listek na wodzie albo kroplę rosy
I wie, że one są—bo są konieczne.
Choćby się oczy zamknęło, marzyło,
Na świecie będzie tylko to, co było,
A liść uniosą dalej wody rzeczne.

Wiara jest także, jeżeli ktoś zrani
Nogę kamieniem i wie, że kamienie

All in a poppyhead. They grow taller than hay.
The children run through, and the poppy plants sway.
And, in the evening, when the moon is aloft,
You hear the dogs barking, first loudly then soft.

By the Peonies

The peonies are blooming, pink and white.
In the center of their fragrant sprays,
Groups of small beetles congregate.
Flowers are the valleys where they graze.

Mother stands above the peony bed,
And reaches down and draws one flower near.
She gazes for a long time into peony lands
Where a brief second seems to last a year—

Then lets it go. Nothing of what she thinks
Is she afraid to say to herself outright,
Or to the children. The sun in the leaves
Casts shadows on their faces, and speckled light.

Faith

The word *Faith* means when someone sees
A dewdrop or a floating leaf, and knows
That they are, because they have to be.
And even if you dreamed, or closed your eyes
And wished, the world would still be what it was,
And the leaf would still be carried down the river.

It means that when someone's foot is hurt
By a sharp rock, he also knows that rocks

Są po to, żeby nogi nam raniły.
Patrzcie, jak drzewo rzuca długie cienie,
I nasz, i kwiatów cień pada na ziemię:
Co nie ma cienia, istnieć nie ma siły.

Nadzieja

Nadzieja bywa, jeżeli ktoś wierzy,
Że ziemia nie jest snem, lecz żywym ciałem,
I że wzrok, dotyk ani słuch nie kłamie.
A wszystkie rzeczy, które tutaj znałem,
Są niby ogród, kiedy stoisz w bramie.

Wejść tam nie można. Ale jest na pewno.
Gdybyśmy lepiej i mądrzej patrzyli,
Jeszcze kwiat nowy i gwiazdę niejedną
W ogrodzie świata byśmy zobaczyli.

Niektórzy mówią, że nas oko łudzi
I że nic nie ma, tylko się wydaje,
Ale ci właśnie nie mają nadziei.
Myślą, że kiedy człowiek się odwróci,
Cały świat za nim zaraz być przestaje,
Jakby porwały go ręce złodziei.

Miłość

Miłość to znaczy popatrzeć na siebie,
Tak jak się patrzy na obce nam rzeczy,
Bo jesteś tylko jedną z rzeczy wielu.
A kto tak patrzy, choć sam o tym nie wie,
Ze zmartwień różnych swoje serce leczy,
Ptak mu i drzewo mówią: przyjacielu.

[*144*]

Are here so that they can hurt our feet.
Look, see the long shadow cast by the tree;
And flowers and people throw shadows on the earth:
What has no shadow has no strength to live.

Hope

Hope means that someone believes the earth
Is not a dream, that it is living flesh;
That sight, touch, hearing tell the truth;
And that all the things we have known here
Are like a garden, looked at from the gate.

You can't go in; but you can see it's there.
And if we could see clearly and more wisely
We know we'd find in the world's garden
Some new flower or undiscovered star.

Some people think our eyes deceive us; they say
That there is nothing but a pretty seeming:
And just these are the ones who don't have hope.
They think that when a person turns away
The whole world vanishes behind his back
As if a clever thief had snatched it up.

Love

Love means to learn to look at yourself
The way one looks at unfamiliar things
Because you are only one of many things.
And someone who can look that way at himself
Will heal his heart of many troubles,
Perhaps without knowing he has done it.
Then Bird and Tree say to him, "Friend."

[*145*]

Wtedy i siebie, i rzeczy chce użyć,
Żeby stanęły w wypełnienia łunie.
To nic, że czasem nie wie, czemu służyć:
Nie ten najlepiej służy, kto rozumie.

Wyprawa do lasu

Drzewa ogromne, że nie widać szczytu,
Słońce zachodząc różowo się pali
Na każdym drzewie jakby na świeczniku,
A ludzie idą ścieżką, tacy mali.

Zadrzyjmy głowy, weźmy się za ręcę,
Żeby nie zgubić się w trawach jak w borze.
Noc już na kwiaty nakłada pieczęcie
I z góry spływa kolor po kolorze.

A tam nad nami uczta. Dzbany złota,
Czerwone wina w osinowej miedzi.
I wiezie dary powietrzna karoca
Dla niewidzialnych królów czy niedźwiedzi.

Królestwo ptaków

W wysokim locie ociężałe głuszce
Skrzydłami niebo nad lasami krają
I gołąb wraca w napowietrzną puszczę,
I kruk połyska jak samolot stalą.

Czym dla nich ziemia? Ciemności jeziorem.
Noc ją połknęła na zawsze, a one
Mają nad mrokiem jak nad czarną falą
Domy i wyspy światłem ocalone.

And then he'll want to use himself and things
In such a way that each one glows, fulfilled.
And if sometimes he finds he doesn't understand,
It doesn't matter. His task is just to serve.

An Outing to the Forest

The trees so huge the treetops can't be seen;
A pretty pink flame from the setting sun
Makes every branch's tip a candlestick.
Down the path the tiny people walk.   people diminished

Let's hold hands, and walk with our heads raised
So the forest of grass won't make us lose our way.
The Night has started to seal the flowers closed.
Color after color pours down the sky.

Up there, gold jugs spill out a party supper,
Red wine flowing from the aspen-tinted copper.
A cloud-carriage full of presents appears—
Gifts for invisible kings, or maybe for the bears.

The Bird Kingdom

Majestically the heavy wood grouse rise
With wings like swords that slash the forest skies.

A pigeon homes to the airy wilderness.
A raven gleams with an airplane's steely gloss.

What's earth to them? A lake of dark and night.
Above that wave, their ports are kept in light.

[*147*]

Jeżeli gładząc dziobem długie pióra
Upuszczą jedno—pióro długo spada,
Zanim dna jezior głębokich dosięgnie.
I o policzek trąca—wieść ze świata,
Gdzie jasno, ciepło, swobodnie i pięknie.

Trwoga

,,Ojcze, gdzie jesteś! Las ciemny, las dziki,
Od biegu zwierząt kołyszą się chaszcze,
Trującym ogniem buchają storczyki,
Pod nogą czają się wilcze przepaście.

Gdzie jesteś, ojcze! Noc nie ma granicy,
Odtąd już zawsze ciemność będzie trwała.
Bezdomni, z głodu umrą podróżnicy,
Chleb nasz jest gorzki, wyschnięty jak skała.

Gorący oddech straszliwego zwierza
Zbliża się, prosto w twarze smrodem zieje.
Dokąd odszedłeś, ojcze, jak ci nie żal
Dzieci, w te głuche zabłąkanych knieje."

Odnalezienie

,,Tu jestem. Skądże ten lęk nierozumny?
Noc zaraz minie, dzień wzejdzie niedługo.
Słyszycie: grają już pastusze surmy
I gwiazdy bledną nad różową smugą.

Ścieżka jest prosta. Jesteśmy na skraju.
Tam w dole dzwonek w wiosce się odzywa.

A feather let fall from a grooming beak
Floats toward the deep lake bottoms for a week,

But on the way, it brushes someone's face
With greetings from a free, high, shining place.

Fear

"Father, where are you? The forest is wild,
The bushes sway as if they moved themselves.
The adder lilies look like poisoned fire,
Under our feet are the dens of wolves.

Where are you, Father! the night has no end.
From now on darkness will reign forever.
Our bread is bitter, it's hard as stone.
In this place travelers die of hunger.

The breath of the terrible beast is nearer.
Hot on our faces, it smells like blood.
Where are you? Why do you have no pity, Father,
For your children lost in this dark wood?"

Recovery

"Here I am—why this senseless fear?
Soon now the day will come, and night will fade.
Listen: you can hear the shepherd's horns, and there,
Look how the stars pale, over a trace of red.

The path is straight, we're almost to the clearing.
Down in the village, the first bell chimes,

Koguty światło na płotach witają
I dymi ziemia, bujna i szczęśliwa.

Tu jeszcze ciemno. Jak rzeka w powodzi
Mgła czarne kępy borówek otula,
Ale już w wodę świt na szczudłach wchodzi
I dzwoniąc toczy się słoneczna kula.''

Słońce

Barwy ze słońca są. A ono nie ma
Żadnej osobnej barwy, bo ma wszystkie.
I cała ziemia jest niby poemat,
A słońce nad nią przedstawia artystę.

Kto chce malować świat w barwnej postaci,
Niechaj nie patrzy nigdy prosto w słońce.
Bo pamięć rzeczy, które widział, straci,
Łzy tylko w oczach zostaną piekące.

Niechaj przyklęknie, twarz ku trawie schyli
I patrzy w promień od ziemi odbity.
Tam znajdzie wszystko, cośmy porzucili:
Gwiazdy i róże, i zmierzchy i świty.

And roosters on fences have started crowing.
The sleepy earth, fertile and happy, steams.

Here it is still dark, and you see fog pour
In black swirls over the huckleberry knolls.
But dawn on bright stilts wades in from the shore,
And the ball of sun is ringing as it rolls."

The Sun

All colors are made of Sun and the Sun contains them all.
So the source of color, the Sun, itself has no one color.
But the various Earth is like a single poem or picture
With Sun the emblem of the artist of the whole.

And anyone who wants to take his brush and try
To paint the Earth must not look straight up at the Sun
Or he will lose the memory of all he's ever seen,
With only a burning tear to fill his eye.

Let him kneel down and press his cheek in grass and then
Look till he sees the beam the Earth reflects back upwards.
There he will find all of our lost, forgotten treasures:
Stars and Roses, the setting and the rising Sun.

V

Była zima

Była zima, taka jak w tej dolinie.
Po ośmiu suchych miesiącach spadły deszcze
I góry koloru słomy zazieleniły się na krótko.
Także w jarach, gdzie łączy z granitem
Kamienne swoje korzenie szare drzewo laurowe,
Na pewno prąd znów zajął dawne łożyska.
Eukaliptusy pienił morski wiatr
I spod chmur, przełamanych kryształem budowli,
Kolczastymi światłami jarzyły się doki.

Nie jest to miejsce, gdzie na taflach piazza
Pod markizą kawiarni patrzy się na tłum,
Ani gdzie gra się na flecie w oknie nad wąską ulicą,
Kiedy sandałki dzieci stukają w sklepionej sieni.

Usłyszeli o kraju obszernym i zupełnie pustym,
Odgrodzonym górami, więc szli, zostawiając krzyże
Z cierniowego drzewa i ślady ognisk.
Zdarzało się im zimować w śniegach przełęczy
I ciągnąć losy i gotować kości towarzyszy.
Więc potem gorąca dolina, gdzie można uprawiać indygo,
Wydała się im piękna, a dalej, w zwiniętych mgłach
Pełznących w pieczary brzegu, pracował ocean.

Śpij, a ułożą się w tobie przylądki i skały,
Rady wojenne nieruchomych zwierząt w pustkach,
Bazyliki jaszczurów, musująca biel.

It Was Winter

Winter came as it does in this valley.
After eight dry months rain fell
And the mountains, straw-colored, turned green for
    a while.
In the canyons where gray laurels
Graft their stony roots to granite,
Streams must have filled the dried-up creekbeds.
Ocean winds churned the eucalyptus trees,
And under clouds torn by a crystal of towers
Prickly lights were glowing on the docks.

This is not a place where you sit under a cafe awning
On a marble piazza, watching the crowd,
Or play the flute at a window over a narrow street
While children's sandals clatter in the vaulted entryway.

They heard of a land, empty and vast,
Bordered by mountains. So they went, leaving
    behind crosses
Of thorny wood and traces of campfires.
As it happened, they spent winter in the snow of a
    mountain pass,
And drew lots and boiled the bones of their companions;
And so afterwards a hot valley where indigo could be grown
Seemed beautiful to them. And beyond, where fog
Heaved into shoreline coves, an ocean labored.

Sleep: rocks and capes will lie down inside you,
War councils of motionless animals in a barren place,
Basilicas of reptiles, a frothy whiteness.

[*155*]

Śpij na płaszczu, kiedy koń szczypie trawę,
A orzeł zdejmuje pomiary przepaści.

Budząc się, będziesz miał swoje cztery strony świata.
Zachód, pusta muszla z wody i powietrza.
Wschód, zawsze za tobą, niebyła pamięć ośnieżonej jodły.
I tylko w przedłużeniu rozpostartych rąk
Mosiężna trawa, północ i południe.

Jesteśmy biedni ludzie, doświadczeni.
Koczowaliśmy pod różnymi gwiazdami.
Gdzie można zaczerpnąć w kubek wody z mętnej rzeki
I ukroić podróżnym nożem kromkę chleba,
Tam jest miejsce, przyjęte, nie wybrane.
Pamiętaliśmy, że tam, skąd jesteśmy, były ulice i domy,
Więc i tutaj musiały być domy, szyld siodlarza,
Galeryjka i krzesło. Ale głuche obszary,
Pod zmarszczoną skórą ziemi przechadzający się grom,
Przybój i patrol pelikanów niweczyły nas.
Jak odkopany w glinie grot przepadłych plemion
Żywiących się jaszczurkami i mąką z żołędzi
Była waza, przywieziona znad innego morza.

A tutaj idę ja, po wiecznej ziemi,
Malutki, podpierając się laseczką.
Mijam park wulkaniczny i leżę u źródła
Nie wiedząc, jak wyrazić co zawsze i wszędzie:
Pod moimi piersiami i brzuchem ona, tak istniejąca,
Że za każdy jej kamyk jestem wdzięczny.

Sleep on your coat, while your horse nibbles grass
And an eagle gauges a precipice.

When you wake up, you will have the parts of the world.
West, an empty conch of water and air.
East, always behind you, the voided memory of
        snow-covered fir.
And extending from your outspread arms
Nothing but bronze grasses, north and south.

We are poor people, much afflicted.
We camped under various stars,
Where you dip water with a cup from a muddy river
And slice your bread with a pocket knife.
This is the place; accepted, not chosen.
We remembered that there were streets and houses where
        we came from,
So there had to be houses here, a saddler's signboard,
A small veranda with a chair. But empty, a country where
The thunder beneath the rippled skin of the earth,
The breaking waves, a patrol of pelicans, nullified us.
As if our vases, brought here from another shore,
Were the dug-up spearheads of some lost tribe
Who fed on lizards and acorn flour.

And here I am walking the eternal earth.
Tiny, leaning on a stick.
I pass a volcanic park, lie down at a spring,
Not knowing how to express what is always
        and everywhere:
The earth I cling to is so solid
Under my breast and belly that I feel grateful
For every pebble, and I don't know whether

Przywieram do niej, mój puls czy jej słyszę?
A, niewidzialne, przesuwają się nade mną rąbki
    jedwabnych szat,
Ręce, gdziekolwiek były, dotykają mego ramienia.
Albo i drobny śmiech raz kiedyś, przy winie,
Nad lampionami w magnoliach, bo wielki mój dom.

Berkeley, 1964

It is my pulse or the earth's that I hear,
When the hems of invisible silk vestments pass over me,
Hands, wherever they have been, touch my arm,
Or small laughter, once, long ago over wine,
With lanterns in the magnolias, for my house is huge.

Berkeley, 1964

Miasto bez imienia

Kto honorować będzie miasto bez imienia,
kiedy jedni umarli, inni płuczą złoto
albo handlują bronią w oddalonych krajach?

Jaka surma w powijakach brzozowej kory
otrąbi na Ponarach pamięć nieobecnych,
Włóczęgów, Tropicieli, braci z rozwiązanej loży?

Tej wiosny na pustyni, za masztem obozowiska,
a cicho było aż po litą skałę gór żółtych i czerwonych,
usłyszałem w szarym krzaku brzęczenie dzikich pszczół.

Mijały z prądem echo i bierwiona płytów,
mężczyzna w czapce z kozyrkiem i kobieta w chustce
czworgiem rąk napierali na wielkie wiosło sterowe.

W bibliotece pod wieżą malowaną w znaki zodiaku
Kontrym brał z tabakierki szczyptę i uśmiechał się,
gdyż mimo Metternicha nie wszystko było stracone.

I krętą koleiną pośrodku lidzkiego traktu
jechały żydowskie furmanki, a cietrzew tokował
stojąc na kasku kirasjera Wielkiej Armii.

City Without a Name

[handwritten: Wilno, Vilnius]

[handwritten: surreal?]

[1]

Who will honor the city without a name,
So many being dead, and others in distant countries
Where they pan gold or deal in armaments?

What birch-bark-swaddled shepherd's-horn will sound
On Ponary hills memory of the lost— [handwritten: freemasons?]
Vagabonds and Pathfinders, brethren of a dissolved lodge?

This spring, in a desert, beyond a far-off campsite's
    flagpole,
In a silence that stretched to the red and yellow rock of
    the mountains,
I heard the buzzing of bees in a gray bush.

The current carried an echo and the timber of rafts.
A man in a visored cap and a woman in a kerchief
Leaned hard into a steering oar with their four hands.

In the library, below a tower painted with signs of
    the zodiac, [handwritten: anar]
Kontrym would smile and take a whiff from his snuffbox,
For despite Metternich all was not as yet lost.

And on crooked lanes, down the middle of a sandy highway,
Jewish carts went on their way, while a black grouse hooted
Standing on a cuirassier's helmet left behind by La Grande
    Armée.

W Dolinie Śmierci myślałem o sposobach upinania włosów.
O ręce, która przesuwała reflektory na studenckim balu
w mieście, skąd żaden głos już nie dosięga.
Minerały na sąd nie trąbiły.
Osypywało się z szelestem ziarnko lawy.

W Dolinie Śmierci błyszczy sól na dnie suchego jeziora.
Broń się, broń się, mówi tykot krwi.
Z litej skały nadaremnej żadna mądrość.

W Dolinie Śmierci na niebie ni orła, ani jastrzębia.
Wróżby Cyganki zostały spełnione.
W zaułku pod arkadami czytałem wtedy poemat
o kimś, kto mieszkał tuż obok, pod tytułem „Godzina
    myśli".

Długo patrzyłem w lusterko, tam jeden na trzysta mil
szedł człowiek: Indianin prowadzący rower pod górę.

Z flecikami, z pochodniami
i bęben bum bum,
o, to ten, co umarł nad Bosforem tam na przedzie.
Swoją pannę za pod rękę tutaj wiedzie
i jaskółki nad nimi latają.

In Death Valley I mused about different styles of hairdo,
About a hand that shifted a spotlight at the Students' Ball
In the city from which no voice reaches anymore.
Minerals did not sound the last trumpet.
A scattered grain of lava rustled.

In Death Valley salt gleams from a dried-up lake bed.
Defend, defend, defend yourself says the tick-tock of
    the blood.
From the futility of solid rock, no wisdom.

In Death Valley no hawk or eagle against the sky.
A gypsy prophecy has been fulfilled.
In a lane under an arcade, then, I was reading a poem
Of someone who had lived next door, entitled "An Hour
    of Thought."   *poem by Słowacki*

I looked a long time at the rear-view mirror, at the one
    man on foot
Within three hundred miles: an Indian walking a
    bicycle uphill.

With flutes, with torches
and a drum, boom-boom,
look, in the front row, the one who died in Istanbul   *Mickiewicz*
walks arm in arm with his young lady
and swallows fly over them.

Wiosła niosą albo kije liśćmi owinięte
i znad Jezior Zielonych bukiety.
Coraz bliżej ulicą Zamkową—
i już nic, to tylko stoi obłok
nad Sekcją Twórczości Oryginalnej
Koła Polonistów.

[4]

A książek tośmy całą bibliotekę napisali.
A krain tośmy co niemiara zjeździli.
Bitew dużośmy, dużo przegrali.
Aż i nie ma, ni nas, ni Maryli.

[5]

Litość i zrozumienie
w wysokiej mamy cenie,
no bo co?

Pycha ciała i sława,
pocałunki i brawa,
komu to?

Medykowie, prawnicy,
oficerowie śliczni,
w czarnej jamie.

Futra, rzęsy, obrączki,
ukłony w słońcu po mszy.
Odpoczywanie.

Dobranoc, piersi parzyste,
śnijcie sny wiekuiste
bez pająków.

They carry oars garlanded with leaves
and bunches of flowers picked at the Green Lakes
as they come closer and closer, down Castle Street—
and then suddenly nothing, only a white puff of cloud
over the Humanities Students Club,
Division of Creative Writing.

[4]

Books, we have written a whole library of them.
Lands, we have visited a great many of them.
And battles, we have lost a number of them.
Till we are no more, we and our Maryla. — M's 1st love —

[5]

Understanding and pity,
We value them highly.
What else?

Beauty and kisses,
Fame and its prizes,
Who cares?

Doctors and lawyers,
Well-turned-out majors,
Six feet of earth.

Rings, furs and lashes,
Glances at Masses,
Rest in peace.

Sweet twin breasts, good night.
Sleep through to the light,
Without spiders.

Zachodzi słońce nad lożą Gorliwego Litwina
I jeszcze ognie na malowanych z natury portretach
    roznieca.
Tam sosnę objęła Wilija, czarne miody niesie Żejmiana,
Mereczanka śpi z jagodami koło Żegaryna.
A już tebańskie świeczniki lokaje wnieśli
I na oknach zasuwali za zasłoną zasłonę.
A kiedy zdejmując rękawice pomyślałem, że wszedłem
    pierwszy,
Zobaczyłem, że wszystkie oczy są na mnie zwrócone.

Kiedy żalu się pozbyłem
I chwały, którą goniłem,
Tego, czym nigdy nie byłem.

Nad kraje, góry, zatoki
Niosły mnie gryfy i smoki,
Przypadki albo wyroki.

No tak, być sobą to chciałem,
Do luster pijąc płakałem,
Swoje głupstwo tak poznałem.

Z paznokci, śluzowej błony,
Kiszek i płuc, i śledziony
Czyj dom będzie uczyniony?

Swój własny a jeden z wiela
Nie mam w sobie przyjaciela,
Czas mnie na dwoje rozdziela.

[6]

freemasons!

The sun goes down above the Zealous Lithuanian Lodge
And kindles fire on landscapes "made from nature":
The Wilia winding among pines; black honey of
    the Żeymiana;
The Mereczanka idling in a Żegaryno pasture,
The lackeys had already brought in Theban candelabra
And pulled winter curtains over curtains formally,
When, thinking I was first to enter, taking off my gloves,
I saw that all the eyes were fixed on me.

[7]

When I got rid of grieving
And the glory I was seeking,
Which I had no business doing,

I was carried by dragons
Over countries, bays, and mountains,
By fate, or by what happens.

Oh yes, I wanted to be me.
I toasted mirrors weepily
And learned my own stupidity.

From nails, mucus membrane,
Lungs, liver, bowels and spleen
Whose house is made? Mine.

So what else is new?
I am not my own friend.
Time cuts me in two.

[*167*]

Żaśnieżone monumenty,
Niech dar mój będzie przyjęty,
Wędrowałem, nie wiem kędy.

[8]

Nieobecne palące ostre cierpkie słone.
Takie jest Niekonsystencji świętowanie.
Pod zgromadzeniem obłoków gdziekolwiek,
w zatoce, na płaskowyżu, w suchym arroyo.
Nie zwiera się w gęsty twardy kamyk.
Rozrzedza się w słomę dym nawet Summa.
I chóry anielskie przelatują w pestce granatu
nie dla nas powoli co chwila grając na trąbach.

[9]

Uniwersalne światło a ciągle się zmienia.
Bo kocham także światło, może tylko światło.
Jednak co za jasne i za wysokie, to nie dla mnie.
Więc kiedy różowieją obłoki, myślę o świetle niskim,
jak w krajach brzozy i sosny obleczonej chrupkim
        porostem,
późną jesienią, pod szronem, kiedy ostatnie rydze
dogniwają w borkach i psy gonią z echem,
a kawki krążą nad wieżą bazyliańskiego kościoła.

[10]

Niewyrażone, nieopowiedziane.
Ale jak?
Ta krótkość życia,
lata coraz szybsze,
niepamiętanie, czy to było tej czy tamtej jesieni.

Monuments covered with snow,
Accept my gift. I wandered;
And where, I don't know.

[8]

Absent, burning, acrid, salty, sharp.
Thus the feast of Insubstantiality.
Under a gathering of clouds anywhere.
In a bay, on a plateau, in a dry arroyo.
No density. No hardness of stone.
Even the Summa thins into straw and smoke.
And the angelic choirs sail over in a pomegranate seed.
Not for us their leisure and the blowing of trumpets.

[9]

Light everywhere, and it constantly changes.
And I too love the light, perhaps the light only.
Yet what is too high and too clear is not for me.
So when the clouds are rosy I think of level northern light
in the lands of birch and pine and crispy lichen
late in autumn, under the hoarfrost when the last milk cups
rot in the fir woods and hounds chase their own echoes
and jackdaws wheel over the tower of a Basilian church.

[10]

Unexpressed, untold.
But how?
The shortness of life,
the years quicker and quicker,
not remembering whether it happened in this or
        that autumn.

[*169*]

Fraucymery barchanowych spódnic,
chichoty nad poręczą, skośne warkocze,
siadanie na nocniki na piętrze,
kiedy pod słupami ganku brzęczą sanie
i wchodzą wąsaci w wilczurach.
Ludzkość kobiecości,
włosów skudłanych, rozstawiania nóg,
smarków dziecinnych, mleko wykipi,
smrodu, kup zamarzłych w grudzie.
I te wieki,
poczynanie w zapachu śledzia w środku nocy,
zamiast żeby to była gra w szachy
czy też balet intelektualny.
I palisady
i owce kotne
i świnie jedkie i niejedkie
i leczone zamawianiem krowy.

[11]

Nie sąd ostateczny, a kiermasz nad rzeką.
Świstawki, kogutki, serca lukrowane.
No to chodziliśmy po tającym śniegu,
Smorgońskie obwarzanki kupowaliśmy.

Czarownik wołał: "Los szczęścia, płanety życia."
I czorcik w słoju płynął do góry w karminie.
A obok na powietrzu inny z piskiem zdychał
Przy historiach o królu Ottonie i o Meluzynie.

Retinues of homespun velveteen skirts,
giggles above a railing, pigtails askew,
sittings on chamber pots upstairs
when the sledge jingles under the columns of the porch
just before the mustachioed ones in wolf fur enter.
Female humanity,
children's snot, legs spread apart,
snarled hair, the milk boiling over,
stench, shit frozen into clods.
And those centuries,
conceiving in the herring smell of the middle of the night
instead of playing something like a game of chess
or dancing an intellectual ballet.
And palisades,
and pregnant sheep,
and pigs, fast eaters and poor eaters,
and cows cured by incantations.

[11]

Not the Last Judgment, just a kermess by a river.
Small whistles, clay chickens, candied hearts.
So we trudged through the slush of melting snow
To buy bagels from the district of Smorgonie.

A fortune-teller hawking: "Your destiny, your planets."
And a toy devil bobbing in a tube of crimson brine.
Another, a rubber one, expired in the air squeaking,
By the stand where you bought stories of King Otto
        and Melusine.

Czemu już tylko mnie powierza się to miasto bezbronne
i czyste jak naszyjnik weselny zapomnianego plemienia?

Jak niebieskie i rude ziarna nizane w Tuzigoot na mie-
dzianym pustkowiu przed siedmioma wiekami.

Gdzie roztarta na kamieniu ochra dotychczas wyczekuje na
policzek i czoło, ale dawno nie ma tam żadnego.

Czym zasłużyłem, jakim złem we mnie, jaką litością, na to
ofiarowanie?

Stoi przede mną, gotowe, nie brak ani jednego dymu z
komina, ani jednego echa, kiedy przestępuję dzielące nas
rzeki.

Może Anna i Dorcia Drużyno wezwały mnie z trzechsetnej
mili Arizony, bo nikt prócz mnie już nie wie, że raz kiedyś
żyły?

I drepczą przede mną Nadbrzeżną, dwie papużki, szlach-
cianki ze Żmudzi, dla mnie rozplatając w nocy siwy kok
starych panien?

Tutaj nie ma wcześniej i nie ma później, wszystkie pory dnia
i roku trwają równocześnie.

O świcie długimi rzędami jadą gównowozy i magistraccy na
rogatkach w skórzane torby zbierają kopytkowe.

Why should that city, defenseless and pure as the wedding necklace of a forgotten tribe, keep offering itself to me?

town in Arizona

Like blue and red-brown seeds beaded in Tuzigoot in the copper desert seven centuries ago.

Where ocher rubbed into stone still waits for the brow and cheekbone it would adorn, though for all that time there has been no one.

What evil in me, what pity has made me deserve this offering?

It stands before me, ready, not even the smoke from one chimney is lacking, not one echo, when I step across the rivers that separate us.

Perhaps Anna and Dora Drużyno have called to me, three hundred miles inside Arizona, because except for me no one else knows that they ever lived.

They trot before me on Embankment Street, two gently born parakeets from Samogitia, and at night they unravel their spinster tresses of gray hair.

Here there is no earlier and no later; the seasons of the year and of the day are simultaneous.

goes back in time?

At dawn shit-wagons leave town in long rows and municipal employees at the gate collect the turnpike toll in leather bags.

Hałasując kołami „Kurjer" i „Śmigły" idą pod prąd do Werek, a wioślarz strącony nad Anglią mknie rozpięty na swoim skifie.

U Piotra i Pawła anioły opuszczają grube powieki w uśmiechu nad zakonnicą, która ma myśli nieskromne.

Brodata, w peruce, siedzi przy kasie pouczając dwanaście swoich sprzedawczyń pani Sora Kłok.

A cała ulica Niemiecka podrzuca nad ladą taśmy bławatnych towarów, przygotowując się na śmierć i zdobycie Jeruzalem.

Czarne książęce źródła stukają w podziemia katedry pod grobowcem Kaźmierza młodzianka i głowniami dębowych palenisk.

Z książką do nabożeństwa i koszykiem służącej Barbara żałobnica wraca na Baksztę do domu Romerów z litewskiej mszy u Świętego Mikołaja.

O, jak błyszczy! To śnieg na Górze Trzykrzyskiej i na Bekieszowej Górze, którego nie stopi oddech krótkotrwałych ludzi.

Z jakąż to wielką wiedzą skręcam w Arsenalską i raz jeszcze otwieram oczy na daremny koniec świata?

Przez pokoje z szelestem jedwabi, jeden, drugi, dziesiąty, biegłem nie zatrzymany, bo wierzyłem w ostatnie drzwi.

Rattling their wheels, "Courier" and "Speedy" move against the current to Werki, and an oarsman shot down over England skiffs past, spread-eagled by his oars.

At St. Peter and Paul's the angels lower their thick eyelids in a smile over a nun who has indecent thoughts.

Bearded, in a wig, Mrs. Sora Klok sits at the counter, instructing her twelve shopgirls.

And all of German Street tosses into the air unfurled bolts of fabric, preparing itself for death and the conquest of Jerusalem.

Black and princely, an underground river knocks at cellars of the cathedral under the tomb of St. Casimir the Younger and under the half-charred oak logs in the hearth.

Carrying her servant's-basket on her shoulder, Barbara, dressed in mourning, returns from the Lithuanian mass at St. Nicholas to the Romers' house on Bakszta Street.

How it glitters! the snow on Three Crosses Hill and Bekiesz Hill, not to be melted by the breath of these brief lives.

And what do I know now, when I turn into Arsenalska Street and open my eyes once more on a useless end of the world?

I was running, as the silks rustled, through room after room without stopping, for I believed in the existence of a last door.

Ale wykrój ust i jabłko, i kwiat przypięty do sukni było wszystkim, co poznać i wziąć było dano.

Ani czuła, ani zła, ni piękna, ni przeraźliwa, trwała ziemia, niewinna, dla pożądania i bólu.

Na nic ten podarunek, jeżeli pod ogniami dalekich noclegów nie mniej było w tamtym goryczy, a więcej.

Jeżeli nie mogę tak wyczerpać mego i ich żywota, żeby w harmonię zmienił się dawny płacz.

Jak Urodzony Jan Dęboróg w antykwarni Straszuna położony tam jestem na zawsze między swojskie imię i imię.

Maleje baszta zamku nad kopcem listowia i jeszcze ledwo słyszalna, może to *Requiem* Mozarta, muzyka.

W nieruchomym świetle poruszam ustami, rad może nawet, że nie składa się żądane słowo.

Berkeley, 1965

But the shape of lips and an apple and a flower pinned to a dress were all that one was permitted to know and take away.

The Earth, neither compassionate nor evil, neither beautiful nor atrocious, persisted, innocent, open to pain and desire.

And the gift is useless if it does not cause less bitterness but more, later, in the flare of memory and the long nights.

If I cannot so exhaust my life and their life that the bygone crying is transformed, at last, into a harmony.

Like a *Noble Jan Dęboróg* in the Straszun's second-hand bookshop, I am put to rest forever between two familiar names.

The castle tower above the leafy tumulus grows small and there is still a hardly audible — is it Mozart's *Requiem*? — music.

In the immobile light I move my lips and perhaps I am even glad that the desired word does not come.

Berkeley, 1965

Te korytarze

Te korytarze, którymi idę przy blasku pochodni
Słysząc jak woda kapie na strzaskane płyty,
W głąb, w głąb góry. W niszach popiersia przyjaciół,
Oczy ich marmurowe, tylko światło i cień
Kładą krótko na twarzach cierpki grymas życia.
Tak, coraz dalej, labiryntem w ciemne wnętrze.
Bez koboldów, z echem własnych kroków.
Aż pochodnia zgaśnie na niewiadomym zakręcie
I tam, gdzie przeznaczone, zamienię się w kamień.
Ale u wejścia, które zamknięte głazem lawiny będzie
        zapomniane,
W jodłowym lesie nad spadającym z lodowca potokiem,
Łania urodzi cętkowanego jelonka i powietrze rozwinie
Swoje piękne liściaste spirale innym oczom, jak mnie
        kiedyś.
I odkryta będzie na nowo każda radość poranka,
Każdy smak jabłka zerwanego w wysokim sadzie.
Więc mogę być spokojny o to, co kochałem.
Ziemia poniesie akwedukty, amfory, świeczniki mosiężne.
A kiedy któregoś dnia psy goniące niedźwiedzia
Wpadną w skalną szczelinę i ludzie dalekich pokoleń
Odczytają na ścianach kanciaste nasze litery—
Zdziwią się, że z tego, co ich cieszyło, znaliśmy tak wiele,
Choć nasz daremny pałac znaczy już tak mało.

Oregon–Berkeley, 1964

Those Corridors

I walk those corridors by torchlight
Hearing water trickle down onto broken slabs.
Deep into the mountain. In niches, busts of my friends,
Their eyes are of marble. Only the light and shadow
Throw over their faces a brief sour grimace of life.
So, further into the labyrinth leading to the dark interior,
Where there are no Kobolds, only the echo of my steps,
Until the torch gutters out, and on the unknown bend
Where it is fated, I will turn to stone.
But at the entrance, blocked by a landslide and soon
    forgotten,
In a fir forest by a stream falling from a glacier,
A doe will give birth to her freckled fawn and the air
Will unfurl intricate leafy spirals to other eyes, as once
    to mine.
And every joy of morning will be discovered again,
Each savoring of an apple picked in the tall orchard.
So I can leave peacefully everything I loved.
The earth will carry aqueducts, amphoras, brass
    chandeliers.
And when some day dogs chasing a bear
Burst into a crevasse and people of far-off generations
Decipher our angular letters on the walls—
They will be amazed that we knew so many of their
    own joys,
Though our futile palace has come to mean so little.

Oregon–Berkeley, 1964

Przypowieść

Podaję, co opowiedział Meader, i morał mam na celu.
Dokuczał mu niedźwiedź grizzly, tak śmiały i złośliwy,
Że porywał mięso karibu spod okapu chaty.
Nie tylko. Człowieka miał za nic i nie bał się ognia.
Aż którejś nocy zaczął walić w drzwi
I rozbił okno łapą, więc oni, skuleni,
Leżeli ze strzelbami i czekali ranka.
Wrócił nazajutrz pod wieczór. I Meader strzelił
Z bliska, pod lewą łopatkę. To był skok i bieg,
Nie bieg, huragan, bo nawet trafiony w serce
Grizzly, jak mówi Meader, biegnie aż upadnie.
Znalazł go potem po śladzie i wtedy zrozumiał
Skąd brało się dziwaczne zachowanie.
Pół szczęki zwierz miał zżarte wrzodem i próchnicą.
Ból zębów, latami. Ból z niepojętej przyczyny,
Który popycha nas nieraz do bezsensownych działań
I daje ślepą odwagę, bo wszystko nam jedno,
Aż wychodzimy z lasu, nie zawsze w nadziei,
Że uleczy nas jakiś niebiański dentysta.

Berkeley, 1969

A Story

Now I will tell Meader's story; I have a moral in view.
He was pestered by a grizzly so bold and malicious
That he used to snatch caribou meat from the eaves of
    the cabin.
Not only that. He ignored men and was unafraid of fire.
One night he started battering the door
And broke the window with his paw, so they curled up
With their shotguns beside them, and waited for the dawn.
He came back in the evening, and Meader shot him at
    close range,
Under the left shoulder blade. Then it was jump and run,
A real storm of a run: a grizzly, Meader says,
Even when he's been hit in the heart, will keep running
Until he falls down. Later, Meader found him
By following the trail — and then he understood
What lay behind the bear's odd behavior:
Half of the beast's jaw was eaten away by an abscess,
    and caries.
Toothache, for years. An ache without comprehensible
    reason,
Which often drives us to senseless action
And gives us blind courage. We have nothing to lose,
We come out of the forest, and not always with the hope
That we will be cured by some dentist from heaven.

Berkeley, 1969

[*181*]

Veni Creator

Przyjdź, Duchu Święty,
zginając (albo nie zginając) trawy,
ukazując się (albo nie) nad głową językiem płomienia,
kiedy sianokosy albo kiedy na podorywkę wychodzi traktor
w dolinie orzechowych gajów, albo kiedy śniegi
przywalą jodły kalekie w Sierra Nevada.
Jestem człowiek tylko, więc potrzebuję widzialnych
      znaków,
nużę się prędko budowaniem schodów abstrakcji.
Prosiłem nieraz, wiesz sam, żeby figura w kościele
podniosła dla mnie rękę, raz jeden, jedyny.
Ale rozumiem, że znaki mogą być tylko ludzkie.
Zbudź więc jednego człowieka, gdziekolwiek na ziemi
(nie mnie, bo jednak znam, co przyzwoitość)
i pozwól, abym patrząc na niego podziwiać mógł Ciebie.

Berkeley, 1961

✝ *Veni Creator*

Come, Holy Spirit,
bending or not bending the grasses,
appearing or not above our heads in a tongue of flame,
at hay harvest or when they plow in the orchards or
    when snow
covers crippled firs in the Sierra Nevada.
I am only a man: I need visible signs.
I tire easily, building the stairway of abstraction.
Many a time I asked, you know it well, that the statue
    in church
lift its hand, only once, just once, for me.
But I understand that signs must be human,
therefore call one man, anywhere on earth,
not me—after all I have some decency—
and allow me, when I look at him, to marvel at you.

Berkeley, 1961

Kiedy księżyc

Kiedy księżyc i spacerują kobiety w kwiaciastych sukniach,
Zdumiewają mnie ich oczy, rzęsy i całe urządzenie świata.
Wydaje mi się, że z tak wielkiej wzajemnej skłonności
Mogłaby wreszcie wyniknąć prawda ostateczna.

Berkeley, 1966

When the Moon

When the moon rises and women in flowery dresses are
    strolling
I am struck by their eyes, eyelashes, and the whole
    arrangement of the world.
It seems to me that from such a strong mutual attraction
The ultimate truth should issue at last.

Berkeley, 1966

Jakże obrzydliwe

Jakże obrzydliwe są te starsze okazy
z włosami w dołku między piersią i brzuchem,
z melancholią nadpsutych zębów, odorem tytoniu,
i tłustym uśmiechem doświadczenia.

Tasują karty, gwiżdżą tanga
modne za lat ich młodości, wspominają
gry w piłkę i tarasy i przygody w krzakach.

Jakże współczuć należy
kobietom, które z nimi obcowały
przymuszone pilną, bez wątpienia, potrzebą.

Współczuć atoli należy im również,
albowiem obcowali z kobietami.
Lilie piękne ale smrodliwe,
grzechotki gardłowego śmiechu jeżeli potrząsnąć,
wypełnione sypką rachubą.
Potem czeszą długo włosy przed lustrem.

Montgeron, 1959

How Ugly

How ugly, those elderly specimens
With hair in the pit between breast and belly,
With their melancholy of bad teeth, reek of tobacco,
And their fat, experienced smiles.

They shuffle cards, whistle tangos
Popular in their youth, and reminisce
About ball games and terraces and adventures in
      the bushes.

One should probably pity
The women who associate with them, forced
Undoubtedly by some urgent need.

But they should be pitied as well,
Because they associate with the women,
Beautifully fetid lilies,
Rattles of throaty laughter if you shake them,
Stuffed with loose calculations.
Afterwards they comb their hair before a mirror.

Montgeron, 1959

W drodze

Do czego powołany? Dla kogo powołany? Wielki Boże, na oślep, przez widnokręgi z bawełny,

Fatamorgany rudych łusek na warowniach nadmorskich prowincji,

Przez dym palonego wina nad łożem potoków albo błękitną myrrę przygasłych kościołów.

Do niedosiężnej kotliny ocienionej na zawsze słowami, gdzie nagich klęczących obmywa źródło nierzeczywiste.

Bez jabłka wiadomości na wirażach od ziemi do nieba i od nieba w krew zeschłą garncarzowej roli.

Wydziedziczony z proroctw, spożywając swój chleb w południe pod sosną wysokopienną mocniejszą od nadziei.

St. Paul-de-Vence, 1967

On the Road

To what summoned? And to whom? blindly, God almighty, through horizons of woolly haze,

Fata morganas of coppery scales on the fortresses of maritime provinces,

Through a smoke of vines burning over creekbeds or through the blue myrrh of dimmed churches,

To the unattainable, small valley, shaded forever by words, where the two of us, naked and kneeling, are cleansed by an unreal spring.

Without the apple of knowledge, on long loops from earth to sky, from sky to the dried blood of potter's soil.

Disinherited of prophecies, eating bread at noon under a tall pine stronger than any hope.

St.-Paul-de-Vence, 1967

Zaklęcie

Piękny jest ludzki rozum i niezwyciężony.
Ani krata, ni drut, ni oddanie książek na przemiał,
Ani wyrok banicji nie mogą nic przeciw niemu.
On ustanawia w języku powszechne idee
I prowadzi nam rękę, więc piszemy z wielkiej litery
Prawda i Sprawiedliwość, a z małej kłamstwo i krzywda.
On ponad to, co jest, wynosi, co być powinno,
Nieprzyjaciel rozpaczy, przyjaciel nadziei.
On nie zna Żyda ni Greka, niewolnika ni pana,
W zarząd oddając nam wspólne gospodarstwo świata.
On z plugawego zgiełku dręczonych wyrazów
Ocala zdania surowe i jasne.
On mówi nam, że wszystko jest ciągle nowe pod słońcem,
Otwiera dłoń zakrzepłą tego, co już było.
Piękna i bardzo młoda jest Filo-Sofija
I sprzymierzona z nią poezja w służbie Dobrego.
Natura ledwo wczoraj święciła ich narodziny,
Wieść o tym górom przyniosły jednorożec i echo.
Sławna będzie ich przyjaźń, ich czas nie ma granic.
Ich wrogowie wydali siebie na zniszczenie.

Berkeley, 1968

Incantation

Human reason is beautiful and invincible.
No bars, no barbed wire, no pulping of books,
No sentence of banishment can prevail against it.
It establishes the universal ideas in language,
And guides our hand so we write Truth and Justice
With capital letters, lie and oppression with small.
It puts what should be above things as they are,
Is an enemy of despair and a friend of hope.
It does not know Jew from Greek or slave from master,
Giving us the estate of the world to manage.
It saves austere and transparent phrases
From the filthy discord of tortured words.
It says that everything is new under the sun,
Opens the congealed fist of the past.
Beautiful and very young are Philo-Sophia
And poetry, her ally in the service of the good.
As late as yesterday Nature celebrated their birth,
The news was brought to the mountains by a unicorn and
    an echo.
Their friendship will be glorious, their time has no limit.
Their enemies have delivered themselves to destruction.

Berkeley, 1968

[*191*]

Moja wierna mowo

Moja wierna mowo,
służyłem tobie.
Co noc stawiałem przed tobą miseczki z kolorami,
żebyś miała i brzozę, i konika polnego, i gila,
zachowanych w mojej pamięci.

Trwało to dużo lat.
Byłaś moją ojczyzną, bo zabrakło innej.
Myślałem, że będziesz także pośredniczką
pomiędzy mną i dobrymi ludźmi,
choćby ich było dwudziestu, dziesięciu,
albo nie urodzili się jeszcze.

Teraz przyznaję się do zwątpienia.
Są chwile, kiedy wydaje się, że zmarnowałem życie.
Bo ty jesteś mową upodlonych,
mową nierozumnych i nienawidzących
siebie bardziej może niż innych narodów,
mową konfidentów,
mową pomieszanych,
chorych na własną niewinność.

Ale bez ciebie kim jestem.
Tylko szkolarzem gdzieś w odległym kraju,
a success, bez lęku i poniżeń.
No tak, kim jestem bez ciebie.
Filozofem takim jak każdy.

Rozumiem, to ma być moje wychowanie:

My Faithful Mother Tongue

Faithful mother tongue
I have been serving you.
Every night, I used to set before you little bowls of colors
so you could have your birch, your cricket, your finch
as preserved in my memory.

This lasted many years.
You were my native land; I lacked any other.
I believed that you would also be a messenger
between me and some good people
even if they were few, twenty, ten
or not born, as yet.

Now, I confess my doubt.
There are moments when it seems to me I have
        squandered my life.
For you are a tongue of the debased,
of the unreasonable, hating themselves
even more than they hate other nations,
a tongue of informers,
a tongue of the confused,
ill with their own innocence.

But without you, who am I?
Only a scholar in a distant country,
a success, without fears and humiliations.
Yes, who am I without you?
Just a philosopher, like everyone else.

I understand, this is meant as my education:

gloria indywidualności odjęta,
Grzesznikowi z moralitetu
czerwony dywan podściela Wielki Chwał,
a w tym samym czasie latarnia magiczna
rzuca na płótno obrazy ludzkiej i boskiej udręki.

Moja wierna mowo,
może to jednak ja muszę ciebie ratować.
Więc będę dalej stawiać przed tobą miseczki z kolorami
jasnymi i czystymi, jeżeli to możliwe,
bo w nieszczęściu potrzebny jakiś ład czy piękno.

Berkeley, 1968

the glory of individuality is taken away,
Fortune spreads a red carpet
before the sinner in a morality play
while on the linen backdrop a magic lantern throws
images of human and divine torture.

Faithful mother tongue,
perhaps after all it's I who must try to save you.
So I will continue to set before you little bowls of colors
bright and pure if possible,
for what is needed in misfortune is a little order and beauty.

Berkeley, 1968

[*195*]

Pory roku

Przezroczyste drzewo pełne ptaków przelotnych
O niebieskim poranku, chłodnym, bo jeszcze śnieg
w górach.

Berkeley, 1971

Seasons

Transparent tree, full of migrating birds on a blue morning,
Cold because there is still snow in the mountains.

Berkeley, 1971

Stan poetycki

Jakby zamiast oczu wprawiono odwrócona lunetę, świat oddala się i wsystko, ludzie, drzewa, ulice, maleje, ale nic a nic nie traci na wyrazistości, zgęszcza się.

Miałem dawniej takie chwile podczas pisania wierszy, więc znam dystans, bezinteresowną kontemplację, przybranie na siebie ,,ja'', które jest ,,nie-ja'', ale teraz jest tak ciągle i zapytuję siebie, co to znaczy, czyżbym wszedł w trwały stan poetycki.

Rzeczy dawniej trudne teraz są łatwe, ale nie czuję silnej potrzeby przekazywania ich na piśmie.

Dopiero teraz jestem zdrów, a byłem chory, ponieważ mój czas galopował i udręczał mnie strach przed tym, co będzie.

W każdej minucie widowisko świata jest dla mnie na nowo zadziwiające i tak komiczne, że nie mogę zrozumieć, jak mogła chcieć temu podołać literatura.

Czując cieleśnie, dotykalnie, każdą minutę, oswajam nieszczęście i nie proszę Boga, żeby zechciał je odwrócić, bo dlaczego miałby odwrócić ode mnie, jeżeli nie odwraca od innych?

Śniło mi się, że znalazłem się na wąskim progu nad głębią, w której widać było poruszające się wielkie morskie ryby. Bałem się, że jeżeli będę patrzeć, spadnę. Więc odwróciłem się, chwyciłem się palcami chropowatości skalnej ściany i

A Poetic State

As if I were given a reversed telescope instead of eyes, the world moves away and everything grows smaller, people, streets, trees, but they do not lose their distinctness, are condensed.

In the past I had such moments writing poems, so I know distance, disinterested contemplation, putting on an "I" which is not "I," but now it is like that constantly and I ask myself what it means, whether I have entered a permanent poetic state.

Things once difficult are easy, but I feel no strong need to communicate them in writing.

Now I am in good health, where before I was sick because time galloped and I was tortured by fear of what would happen next.

Every minute the spectacle of the world astonishes me; it is so comic that I cannot understand how literature could expect to cope with it.

Sensing affliction every minute, in my flesh, by my touch, I tame it and do not ask God to avert it, for why should He avert it from me if He does not avert it from others?

I dreamt that I found myself on a narrow ledge over the water where large sea fish were moving. I was afraid I would fall if I looked down, so I turned, gripped with my

powoli posuwając się tyłem do morza wydostałem się na miejsce bezpieczne.

Byłem niecierpliwy i drażniło mnie tracenie czasu na głupstwa, do których zaliczałem sprzątanie i gotowanie. Teraz z uwagą kroję cebulę, wyciskam cytryny, przyrządzam różne gatunki sosów.

Berkeley, 1977

fingers at the roughness of the stone wall, and moving slowly, with my back to the sea, I reached a safe place.

I was impatient and easily irritated by time lost on trifles among which I ranked cleaning and cooking. Now, attentively, I cut onions, squeeze lemons and prepare various kinds of sauces.

Berkeley, 1977

Rachunek

Dzieje mojej głupoty wypełniłyby wiele tomów.

Jedne byłyby poświęcone działaniu wbrew świadomości,
Jak lot ćmy, która gdyby wiedziała,
I tak musiałaby dążyć do płomienia świecy.

Inne zajmowałyby się sposobami tłumienia niepokoju,
Szeptu, który ostrzega, ale nie zostaje wysłuchany.

Osobno traktowałbym o zadowoleniu i dumie,
Kiedy byłem tym, któremu się zdaje,
Toteż stąpa zwycięsko i nie podejrzewa.

A wszystko miałoby za przedmiot pragnienie.
Gdybyż to moje własne. Gdzież tam. Niestety.
Goniło mnie, bo chciałem być taki jak inni.
Strach czułem przed tym, co we mnie dzikie i nieskromne.

Dziejów mojej głupoty już nie napiszę
Bo i późno, i trudno prawdy dochodzić.

Berkeley, 1980

Account

The history of my stupidity would fill many volumes.

Some would be devoted to acting against consciousness,
Like the flight of a moth which, had it known,
Would have tended nevertheless toward the candle's flame.

Others would deal with ways to silence anxiety,
The little whisper which, though it is a warning, is ignored.

I would deal separately with satisfaction and pride,
The time when I was among their adherents
Who strut victoriously, unsuspecting.

But all of them would have one subject, desire,
If only my own — but no, not at all; alas,
I was driven because I wanted to be like others.
I was afraid of what was wild and indecent in me.

The history of my stupidity will not be written.
For one thing, it's late. And the truth is laborious.

Berkeley, 1980

Pomyłka

Sądziłem, że to wszystko jest przygotowaniem
Żeby nauczyć się wreszcie umierać.
Ranki i zmierzchy, w trawach pod jaworem
Laura śpiąca bez majtek na wezgłowiu z malin,
Kiedy Filon, szczęśliwy, myje się w strumieniu,
Ranki i lata. Każda szklanka wina,
Laura i morze, ląd i archipelag,
Zbliżają nas, wierzyłem, do jednego celu,
Powinny być użyte z myślą o tym celu.

Ale paralityk na mojej ulicy,
Którego razem z krzesłem przesuwają
Z cienia na słońce i ze słońca w cień,
Patrzy na kota, liść i nikiel auta
Bełkocząc jedno: ,,*Beau temps, beau temps*''.

I niewątpliwie piękny mamy czas,
Jak długo jeszcze w ogóle jest czasem.

Montgeron, 1957

A Mistake

I thought: all this is only preparation
for learning, at last, how to die.
Mornings and dusks, in the grass under a maple
Laura sleeping without pants, on a headrest of raspberries,
while Filon, happy, washes himself in the stream.
Mornings and years. Every glass of wine,
Laura and the sea, land and archipelago
bring us nearer, I believed, to one aim
and should be used with a thought to that aim.

But a paraplegic in my street
whom they move together with his chair
from shade into sunlight, sunlight into shade,
looks at a cat, a leaf, the chrome steel on an auto,
and mumbles to himself, "Beau temps, beau temps."

It is true. We have a beautiful time
as long as time is time at all.

Montgeron, 1957

Czytając japońskiego poetę Issa

(1762-1826)

Dobry świat: rosa
kapie po kropli,
po dwie.

Parę kresek tuszem i staje się.
Wielka cichość białej mgły,
przebudzenie w górach,
gęsi krzyczą,
żuraw skrzypi u studni,
krople z okapu chaty.

Albo może ten inny dom.
Niewidoczny ocean,
mgła do południa
rzęsistym deszczem kapiąca z gałęzi sekwoi,
syreny buczące w dole na zatoce.

Tyle może poezja, ale nie więcej.
Bo nie wiadomo, kim jest naprawdę ten kto mówi,
jakie jego ścięgna i kości,
porowatość skóry,
jak siebie czuje od środka.
I czy to jest wioska Szlembark,
nad którą w mokrych trawach znajdowaliśmy salamandry
jaskrawe jak suknie Teresy Roszkowskiej,
czy inny kontynent i inne imiona.
Kotarbiński, Zawada, Erin, Melanie;
nikogo z ludzi w tym wierszu. Jakby trwał
samym zanikaniem okolic i ludzi.

Reading the Japanese Poet Issa

(1762-1826)

> *A good world —*
> *dew drops fall*
> *by ones, by twos*

A few strokes of ink and there it is.
Great stillness of white fog,
waking up in the mountains,
geese calling,
a well hoist creaking,
and the droplets forming on the eaves.

Or perhaps that other house.
The invisible ocean,
fog until noon
dripping in a heavy rain from the boughs of the redwoods,
sirens droning below on the bay.

Poetry can do that much and no more.
For we cannot really know the man who speaks,
what his bones and sinews are like,
the porosity of his skin,
how he feels inside.
And whether this is the village of Szlembark
above which we used to find salamanders,
garishly colored like the dresses of Teresa Roszkowska,
or another continent and different names.
Kotarbinski, Zawada, Erin, Melanie.
No people in this poem. As if it subsisted
by the very disappearance of places and people.

[*207*]

Kukułka kuka
dla mnie, dla góry,
na zmianę.

Siedząc pod swoim daszkiem na skalnym progu,
słuchając, jak szumi wodospad w parowie,
miał przed sobą fałdzistość leśnej góry
ze słońcem zachodzącym, które jej dotykało,
i myślał: jak to jest, że głos kukułki
zawsze zwraca się to tam, to tu,
mogłoby tego nie być w porządku rzeczy.

Nigdy nie zapominaj:
chodzimy nad piekłem
oglądając kwiaty.

Wiedzieć i nie mówić:
tak się zapomina.
Co jest wymówione, wzmacnia się.
Co nie jest wymówione, zmierza do nieistnienia.
Język jest zaprzedany zmysłowi dotyku.
Ciepłem i miękkością trwa nasz ludzki rodzaj:
króliczek, niedźwiadek i kotek.

Tylko nie dygotanie o mroźnym świcie,
strach idącego dnia
i bicz dozorcy.
Tylko nie zima ulic
i na całej ziemi nikogo
i kara, świadomość.
Tylko nie.

Berkeley, 1978

A cuckoo calls
for me, for the mountain,
for me, for the mountain

Sitting under his lean-to on a rocky ledge
listening to a waterfall hum in the gorge,
he had before him the folds of a wooded mountain
and the setting sun which touched it
and he thought: how is it that the voice of the cuckoo
always turns either here or there?
This could as well not be in the order of things.

In this world
we walk on the roof of Hell
gazing at flowers

To know and not to speak.
In that way one forgets.
What is pronounced strengthens itself.
What is not pronounced tends to nonexistence.
The tongue is sold out to the sense of touch.
Our human kind persists by warmth and softness:
my little rabbit, my little bear, my kitten.

Anything but a shiver in the freezing dawn
and fear of oncoming day
and the overseer's whip.
Anything but winter streets
and nobody on the whole earth
and the penalty of consciousness.
Anything but.

Berkeley, 1978

Translator's Notes and Credits

"Bypassing Rue Descartes" tr. by Robert Hass and Renata Gorczynski.

— *water snake*: in Lithuanian folklore, sacred beings.

"Esse" tr. by the author and Robert Pinsky.

"Ode to a Bird" tr. by the author and Robert Pinsky.

"Rivers" tr. by Robert Hass and Renata Gorczynski.

The Separate Notebooks. "A Mirrored Gallery" tr. by Robert Hass and Renata Gorczynski, with the exception of "Why All This Ardor" tr. by Robert Pinsky.

The Separate Notebooks. "Pages Concerning the Years of Independence" tr. by the author and Robert Pinsky.

— The title of this section refers to the years 1919 to 1939 when Poland, previously carved up by Russia, Germany, and the Austro-Hungarian empire, was, for a while, an independent state. The events in the first part of the poem refer to the 1920 War between Poland and the Soviet Union. The first line of the second part, *"The war was over . . ,"* refers to the peace that followed.

There are three crucial figures in the poem. *Józef Piłsudski* (1867–1935) led the Polish Army in the 1920 War and became Marshall of the Polish state and exercised virtually absolute power from 1926 until his death in 1935.

Juliusz Słowacki (1809–1849) is present in the poem implicitly. A poet of the romantic period, he died before completing his epic work, *Król Duch* (The Spirit King), which imagines a legendary prehistoric Poland and which Milosz has woven into his portrait of Piłsudski. *Józef Czechowicz* (1903–1939), a poet and playwright and a colleague of Milosz's at Polish Radio in Warsaw, died at the beginning of World War II. Thus, his brief career coincided with the years of independence.

Another word about Piłsudski. Like Milosz, he was born in Lithuania; hence the spelling of his name. As a Lithuanian Pole, his political vision was not simply based on Polish nationalism. He envisioned the creation of a republic on the federal model of the old Polish-Lithuanian Commonwealth, which included many different nationalities and languages — Poles, Jews, Lithuanians, Byelorussians, etc. In this he failed. At his death his body was interred in the royal tombs in Kraków, and his heart, in a separate ceremony, at Wilno. (R.H.)

The Separate Notebooks. "The Wormwood Star" tr. by Robert Hass and Renata Gorczynski.

— *the Wormwood Star*: "And the third angel sounded the trumpet, and there fell from heaven a great star, burning like a torch, and it fell upon the

third part of the rivers and upon the fountains of waters. The name of the star is called Wormwood. And the third part of the waters became wormwood; and many people died of the waters because they were made bitter." *Apocalypse of St. John the Apostle*, 8, 10–11.

— "They were informed by the schoolboy, Lebedyev's son, that 'the Star that is called Wormwood' in the Apocalypse, 'that fell upon the fountain of waters,' was, by his father's interpretation, the network of railways that spread over Europe. Myshkin did not believe that Lebedyev did interpret it this way, and resolved to ask him about it at the first convenient opportunity." Dostoevsky, *The Idiot*, Book 2, Chapter 10.

— " 'Not railways, no,' retorted Lebedyev, who was at the same time losing his temper and enjoying himself tremendously. 'The railways alone won't pollute "the springs of life," but the whole thing is accursed; the whole tendency of the last few centuries in its general, scientific and materialistic entirety, is perhaps really accursed.'

" 'Certainly accursed, or only perhaps? It is important to know that, you know,' queried Yevgeny Pavlovitch.

" 'Accursed, accursed, most certainly accursed!' Lebedyev maintained with heat.' " *The Idiot*, Book 3, Chapter 4.

"The Song" tr. by Robert Hass and Renata Gorczynski.

"Slow River" tr. by Robert Hass and Renata Gorczynski, with thanks for one phrasing to Lillian Vallee.

"A Book in the Ruins" tr. by the author and Robert Hass.

"Songs of Adrian Zieliński" tr. by Robert Hass and Renata Gorczynski.

— *Zieliński*: an extremely common Polish surname; this is a persona poem.

"Campo dei Fiori," tr. by Louis Iribarne and David Brooks.

"Farewell" tr. by Robert Hass and Renata Gorczynski.

The World tr. by Robert Hass and Robert Pinsky with Renata Gorczynski. Lillian Vallee provided her own literal translation and many helpful comments. This poem is composed in extremely simple language; its meters resemble those of a child's primer and all the poems are rhymed. "The Path," "The Gate," "The Porch," "The Dining Room," "The Stairs," "Pictures," "Father in the Library," "Father Explains," "From the Window," "An Outing to the Forest," "The Bird Kingdom," and "The Sun," tr. by Robert Pinsky. "Father's Incantations," "Parable of the Poppyseed," and "By the Peonies," tr. by Robert Hass. The rest are collaborations.

"It Was Winter" tr. by the author with Robert Hass, Robert Pinsky and Renata Gorczynski.

"City Without a Name" tr. by the author with Robert Hass, Robert Pinsky and Renata Gorczynski.

— *City without a name* is Wilno, in Lithuanian Vilnius.

—*Tuzigoot*: town in Arizona

—*Kontrym*: university librarian at Wilno during the years when the great poet Adam Mickiewicz (1798–1855) was an undergraduate. An ardent freemason, ex-soldier in Kościuszko's army, veteran of the uprising of 1794, he was very influential among progressive students.

—"*An Hour of Thought*": an early poem of Juliusz Słowacki (see note on p. 210) who grew up in Wilno and attended the university there. The poem is melancholy and meditative, full of that city's "subdued evening light."

—*the one who died in Istanbul*: Mickiewicz; in exile for much of his life, he died while trying to organize a Polish regiment on the Bosphorus to take action against Russia in the Crimean War.

—*Maryla*: literary name given by Mickiewicz to Maria Wreszczaka, his first great love. She disappointed him by marrying a count.

—*Zealous Lithuanian Lodge*: a freemason's lodge. Freemasonry played a central role in progressive political life throughout eastern and central Europe during the eighteenth and early nineteenth centuries.

—*King Otto and Melusine*: characters in traditional stories from the late medieval period; they survived into very cheaply printed books sold at fairs such as the one described here—the St. Casimir's Fair, held every year in Wilno on March 4 and featuring handicrafts made by peasants over the winter, bagels of great local reputation, and cakes baked in the shape of a heart.

—*Noble Jan Dęboróg*: a tale in verse by Władysław Syrokomla, a poet now largely forgotten, who lived and worked in Wilno.

"Those Corridors" tr. by the author and Robert Pinsky.

"A Story" tr. by the author and Robert Pinsky.

"Veni Creator" tr. by the author and Robert Pinsky.

"When the Moon" tr. by the author and Robert Pinsky.

"How Ugly" tr. by Robert Hass and Renata Gorczynski.

"On the Road" tr. by Robert Hass and Renata Gorczynski.

"Incantation" tr. by the author and Robert Pinsky.

"My Faithful Mother Tongue" tr. by the author and Robert Pinsky.

"Seasons" tr. by the author and Robert Hass.

"A Poetic State" tr. by the author and Robert Hass.

"A Mistake" tr. by Robert Hass and Renata Gorczynski.

"Account" tr. by the author and Robert Pinsky.

"Reading the Japanese Poet Issa" tr. by the author and Robert Hass.